D1868534

Lotte Bormuth

Wie das Leben so spielt

Verlag der
Francke-Buchhandlung
Marburg/Lahn

CIP-Kurztitelaufnahme der Deutschen Bibliothek

Bormuth, Lotte:
Wie das Leben so spielt / Lotte Bormuth. –
Marburg an d. Lahn: Francke, 1987.
(Edition C: T, Taschenbuch; 167
ISBN 3-88224-529-8
NE: Edition C/T

2. Auflage 1987
Alle Rechte vorbehalten
© 1987 by Verlag der Francke-Buchhandlung GmbH
3550 Marburg an der Lahn
Umschlaggestaltung: Herybert Kassühlke
Satz: Kuno Paul, Herborn
Gesamtherstellung:
St.-Johannis-Druckerei, 7630 Lahr-Dinglingen
Printed in Germany 23677/1987

Edition C, Nr. T 167

Inhalt

In der Anfechtung hoffe ich zu Gott

»Wer nicht mehr hoffen kann, dem fehlt die Kraft zum Leben.« Diesen Satz hörte ich in einem Kommentar und konnte ihm aus eigener schmerzlicher Erfahrung zustimmen. Ich dachte über ihn nach, und vor meinem inneren Auge sah ich Menschen, auf die diese Wahrheit zutraf. Sie waren niedergeschlagen, ausgemergelt, verzweifelt. Ich bin ihnen in meinem nächsten Bekanntenkreis begegnet, ich hörte ihre Resignation in den vielen Gesprächen bei der Telefonseelsorge, ich sah sie unter meinen Zuhörern sitzen, wenn ich auf Vortragsreisen unterwegs war, und ich durchlitt ihre Ängste, ihre Enttäuschungen, ihre Kämpfe im persönlichen seelsorgerlichen Gespräch.

An eine Frau werde ich in besonderer Weise erinnert. Sie sprach mich nach der Verkündigung des Evangeliums an, und wir setzten uns im Sprechzimmer zusammen.

»Frau Bormuth, ich bin alt geworden, sehr alt sogar, fast 78 Jahre, und ich ahne, ich habe nicht mehr lange zu leben. Meine Kräfte lassen in letzter Zeit merklich nach. Ich verstehe mich manchmal selber nicht mehr. Ich bin so unglücklich, so hoffnungslos. Wenn ich mir die anderen Frauen auf dieser Tagung ansehe, könnte ich neidisch auf sie werden. Welten trennen uns voneinander. Sie können glauben, beten, singen, sie sind froh und strahlen innere Zufriedenheit aus. Ich aber sitze in meinem Elend da. Wie verpfuscht ist mein Dasein. Was bleibt angesichts der nahen Ewigkeit von meinem Tun übrig? Je länger ich darüber nachdenke, desto verzweifelter werde ich. Nach außen hin gesehen wird mir keiner etwas nachsagen können. Ich habe mein ganzes Leben schwer gearbeitet bis in meine alten Tage hinein, um als Kriegswitwe meine vier Kinder durchzubringen. Sie sind auch alle gut geraten und haben es in ihrem Beruf zu Ansehen gebracht.

Aber das reicht doch nicht aus. Damit gibt sich Gott nicht zufrieden, wenn ich vor seinen Richterstuhl treten muß. Mit ihm bin ich noch nicht im Reinen. Ich habe Angst vor Gott, schreckliche Angst. Wie gerne wäre ich Christ, aber bei der Menge der schweren Verfehlungen wird mich Gott zurückstoßen müssen. Mir ekelt auch vor meinem Tun. Ich schäme mich vor meinen Kindern. Ich sehe keine Hoffnung für mich; alles ist so festgefahren.«

Mit Tränen in den Augen und unter Seufzen berichtet mir diese alte Mutter von häßlichen Sündentiefen. Sie erzählt, wie sie in jungen Jahren das Alleinsein der Witwenschaft nicht hatte durchstehen können. Die Macht der Verführung war groß.

Sie erlag ihr. Schonungslos entdeckt sie mir alle Verfehlungen und redet sich die Schuld von der Seele. Ihr Versagen gibt sie unumwunden zu.

Ich sitze dabei, bin bewegt und werde an meine eigene Sünde erinnert; und doch weiß ich: ich bin mit Gott ausgesöhnt, brauche nicht in quälender Angst vor ihm zu leben, weil Christus mich in der Stunde meiner Bekehrung freigekauft hat und mich aus der Finsternis ins helle Licht der Gemeinschaft mit Gott gebracht hat. Ich kann diese von Reue gebeugte Frau gut verstehen, war ich doch einst in ähnlicher Situation, und so versuche ich ihr die Tiefe der Gnade aufzuzeigen.

Da wo der Mensch sein Lebensrecht verwirkt hat, er keinen Pfifferling mehr für sich selber gibt, hat Gott noch einen Ausweg. Die Stricke des Teufels müssen zerreißen, wenn der Herr sein vollmächtiges Wort spricht und von allen satanischen Bindungen befreit.

Es war eine lange Unterredung, die am nächsten Tag noch ihre Fortsetzung fand. Im Gesicht dieser Greisin spiegelte sich der Kampf wider, dem dann die Freude folgte, als sie zum Glauben an Christus durchbrach und Frieden fand. Das rettende Evangelium erwies seine Kraft und bewirkte völlige Heilung. Jesaja 1 Vers 18 erfüllte sich vor unseren Augen: »Wenn eure Sünde gleich blutrot ist, soll sie schneeweiß werden; und wenn sie gleich ist wie Scharlach soll sie wie Wolle werden.«

Oder ich denke an einen jungen Mann. Er war kriminell geworden und hatte eine mehrjährige Gefängnisstrafe abzusitzen. Von seinen Eltern, Brüdern, Freunden, und Bekannten war er im Stich gelassen worden. Keiner kümmerte sich um ihn. Die andern Dorfbewohner ließen ihn wie einen nassen Sack fallen. Wer will schon etwas mit einem Zuchthäusler zu tun haben? Mein Mann und ich besuchten den Strafgefangenen in seiner Zelle und machten ihm klar, wie er bei Gott geliebt sei, zeigten ihm auf, daß wir ihn liebten, und fuhren regelmäßig ins Zuchthaus. Nachdem er einen großen Teil seiner Strafe abgesessen hatte, erhielt er Hafturlaub. Wir luden ihn zu einer Evangelisation ein, und das Wunder aller Wunder geschah. Der Heilige Geist wirkte Reue und Buße. Der junge Mann kämpfte unter der Verkündigung einen harten Kampf mit sich selber. Einsam stand er nach der Veranstaltung an einen Baum gelehnt draußen vor dem Zelt. Er rang mit Gott. Ich ging auf ihn zu und ermutigte ihn:

»Sie sollten heute ihr Leben Christus anvertrauen und zu ihm ja sagen.«

»Frau Bormuth, Sie haben gut reden. Sie stecken ja nicht in meiner Haut. Wie kann ich es wagen, zu Gott aufzuschauen?« Liebevoll zeigte ich ihm auf, daß es bei Gott keine hoffnungslosen Fälle gibt. Vor ihm sind wir alle schuldig und sitzen im untergehenden Boot. Unsere Ruder sind zerbrochen. Aber Gott will retten. Das Verdammungsurteil, das uns treffen müßte, ist über Jesus, dem Gottessohn, ausgesprochen. Am Kreuz litt und starb er für uns. Wer sich an Christus klammert, der erfährt die größte Veränderung seines Lebens. Er wird bei Gott in einen völlig neuen Stand versetzt, erlangt die Gotteskindschaft. Das Alte wird zugedeckt und Neues geschaffen. Unsere Sünden werden uns nicht mehr zugerechnet; denn Jesus hat uns mit seinem himmlischen Vater ausgesöhnt.

Dieser junge Mann begriff die Heilsbotschaft. Ja es ist wahr, an großen Sündern offenbart sich Gottes rettende Barmherzigkeit besonders herrlich.

Spurgeon, der der Fürst unter den Predigern genannt wird, schreibt dazu: »Manchmal werden große Sünder deshalb von Gott gerettet und in die Nachfolge berufen, damit auch andere gelockt werden, die scheinbar hoffnungslos gebunden sind. Wenn einer, der tief im Schlamm steckt, doch Gnade findet, dann sagt mancher seiner Gefährten unwillkürlich: Nun ist auch für mich noch Rettung zu erhoffen.«

Darum freue ich mich, daß David nach seinem Ehebruch von Gott wieder angenommen wurde. Gott schickte ihm den Propheten Nathan in den Weg, der ihm sein ruchloses Verbrechen mit Bathseba ins Gesicht schleudert: Du bist der Mann! Uns aber schickte er Jesus.

Die Bibel verschweigt uns die Schattenseiten ihrer Großen nicht. Aber sie berichtet auch von der erwählenden Gnade Gottes, die die Schuldiggewordenen nach ihrer Buße der Sünde ledig spricht und sie dann zu großen Aufträgen braucht.

Hätte David solch wunderbare, herrliche Bußpsalmen dichten können, in denen er nach durchlittenem Kampf die wiedererfahrene Freiheit rühmt, wenn er nicht die zerstörende Macht der Sünde am eigenen Leibe hätte durchleiden müssen?

Zugleich aber erfuhr er Gottes rettende Liebe. Voller Jubel ruft er aus: »Gelobt sei der Herr, daß er uns nicht gibt zum Raub in ihre Zähne. Unsere Seele ist entronnen wie ein Vogel dem Strick des Voglers. Der Strick ist zerrissen, und wir sind frei« (Psalm 24 Vers 7).

Haben Sie schon einmal beobachtet, wie sich ein Vögelchen in ein Zimmer verflogen hat und nun ängstlich hin und her flattert, sich an den Wänden stößt und schrille Töne hinauspiepst? Wenn Sie dann das Fenster öffnen und das Tier den Weg in die Freiheit findet, schwingt es sich in die Lüfte und zwitschert sein Lied in den Himmel. Diese Freiheit will uns Gott schenken.

Ich verstehe, wenn der Psalmist ausruft: »Gelobt sei der Herr; denn er hat erhört die Stimme meines Flehens. Der Herr ist meine Stärke und mein Schild; auf ihn hofft mein Herz, und mir ist geholfen. Und mein Herz ist fröhlich, und ich will ihm danken mit meinem Lied.«

Wer die Barmherzigkeit Gottes erlebt hat, wer neu hoffen durfte, wo nichts zu hoffen war, der kann gar nicht anders, er wird getrieben, auch anderen Menschen von Jesu Rettungstat zu sagen. Weh dem, der nur für sich selber hofft, dem es nur darum geht, daß er in den Himmel kommt. Wir sind gerettet um zu dienen, und Menschen um uns herum sollen sehen, welch erneuernde Kraft das Evangelium hat. Hallesby, der bedeutende, erweckliche Theologe aus Norwegen, erzählt dazu zwei Beispiele, ein negatives und ein positives, wie er von Christen abgestoßen und angezogen wurde. Er schreibt:

»Wir förderten Sand im Fluß. Ich half mit, obgleich ich noch ein kleiner Junge war. Ich führte sogar ganz selbständig ein Pferd. An einem kalten Wintermorgen waren wir ganz früh bei der Sandgrube angekommen. Viele andere Leute luden wie wir Sand auf. Aber an diesem Morgen waren wir die ersten Arbeiter an der Grube, und darum war es unser Recht, die beste Stelle auszusuchen, wo wir den Sand am leichtesten aufladen konnten. Aber gleich hinter uns her kam ein anderer Mann. Er erfaßte die Situation sofort, kam herüber zu mir und sagte freundlich: Du bist ein noch so kleiner Kerl, ich will dir helfen, dein Pferd herumzudrehen. Daraufhin manövrierte er meinen Wagen absichtlich zu einem anderen Platz und nahm die beste Stelle für sich selbst ein, die mir zukam.

Ich war nur ein ganz kleiner Knirps und wagte nicht, einem Erwachsenen zu widersprechen. Aber ich war empört, ja geradezu verärgert. Derselbe Mann stand sonntags auf und gab Zeugnis in der Gemeinde. Und montags machte er sowas! Sooft er fortan predigte, brachte er nichts mehr, was mich anbetraf, zustande, als mich an den Sonntagmorgen an die Sandgrube zu erinnern.

Noch eine Begebenheit möchte ich erzählen. Auch sie ereignete sich beim Sandholen. Einer meiner Verwandten fuhr eines Tages die Straße entlang und traf einen Nachbarn. ‚Hallo, Peter, mein Freund', rief er ihm zu, bringst du dein Stück Straße in Ordnung? Hast du denn nicht gehört, daß die Straßenabschnitte, die jeder einzelne pflegen muß, neu ausgelost werden und es höchst unwahrscheinlich ist, daß du das gleiche Stück Straße bekommst, das du jetzt gerade ausbesserst?«

Als Antwort streckte Peter seinen von der Arbeit gebeugten Rücken, wischte sich den Schweiß aus dem Gesicht und sagte: Ja, ich habe gehört, daß sie die Straßenarbeiten neu zuteilen wollen. Gerade deshalb will ich mein Stück in Ordnung bringen, denn der nächste, der diesen Abschnitt nach mir erhält, soll ein gutes Stück Arbeit vorfinden.

Dazu bemerkte mein Verwandter: Seit langem habe ich am Christentum und an den Christen gezweifelt, aber an dem Tage wurde ich überzeugt, daß es wenigstens einen Christen in der Welt gibt. Er hatte einen Mann getroffen, der Gott inmitten seiner Arbeit diente. Das war für ihn ein überzeugenderes

Argument, als es je Worte in der Versammlung hätten ausrichten können.«

Unsere Hoffnung, die wir mit unserer Wiedergeburt erlangen, muß sich im Alltag bewähren. Da gilt es, Gott groß zu machen. Und doch geraten wir immer wieder in Situationen hinein, wo wir stark angefochten werden. Unsere Glaubenszuversicht wird von Mißmut überschattet. Wir liegen dann am Boden und unser Vertrauen in Gottes Macht ist erschüttert. Wie leicht mißlingt unser Vorhaben. Große Pläne stellen sich als undurchführbar heraus. Uns ist nicht immer Erfolg in unserem Tun beschieden. Wie werden wir mit beruflichen Fehlschlägen, mit wirtschaftlichen Engpässen, mit unerfüllten Sehnsüchten, mit herben Enttäuschungen in Schule, Lehre, Studium und Elternhaus fertig? Legt sich nicht das Problem der großen Arbeitslosigkeit auf unsere Seele? Wie mancher Schulabgänger schreibt mehr als hundert Bewerbungen und erhält nur Absagen. Unsere junge Generation trägt schwer daran, wenn sie keinen Job, keine Lehrstelle, keinen Studienplatz findet.

Wir erleben auch in unserer Familie, daß nicht alle Hoffnungen für unsere Kinder erfüllt werden. Ich denke dabei an das Abitur unseres Johannes. Er hatte tüchtig gelernt und gute Examensarbeiten geschrieben. Nun stand nur noch eine mündliche Prüfung aus. In Religion sollte er drankommen. Neben alten Sprachen und Mathematik war dies sein liebstes Fach. Sein Lehrer hatte ihm ein Gebiet vorgeschlagen: die Propheten im Alten Testament. Mein Mann und der große Bruder, der auch Theologe ist, mußten herhalten, um ihn aufs Abitur einzupauken. Wochenlang gab es bei uns nur ein Thema: Jesaja, Jeremia, Hesekiel, Amos, Haggai u.s.f. Mein Mann stöhnte schon: »Ich kann mich zu Hause gar nicht mehr blicken lassen. Wo ich geh und steh, heftet sich Johannes an meine Fersen und quetscht mich regelrecht aus: ‚Papa, welche Bedeutung hat Deuterojesaja fürs Neue Testament? Welche Gerichtsbotschaft hat Amos dem israelitischen Volk zu verkündigen?'«

Dann kam der Tag der Prüfung. Zuversichtlich ging Johannes in die Schule. Er hatte seine Zeit gut genutzt und fleißig gelernt. Aber als er am Abend nach Hause kam, sah ich schon von weitem die Enttäuschung in seinem Gesicht. »Mama, es hat doch nicht geklappt. Ich verstehe nicht, warum mir Herr Müller (der Name wurde geändert) eine so schlechte Note verpaßt hat. Ich habe fast alles gewußt. Nur am Schluß vertrat ich eine andere theologische Meinung als er. Aber ich bin überzeugt, daß mein Ansatz stimmt. Papa und Gottfried haben mir diese These in langen Gesprächen erläutert. Aber Herr Müller ließ meine Meinung nicht stehen und hat mir dies schwer angekreidet. Mit einer 1,6 als Durchschnittsnote habe ich keine Chance mehr, mir meinen Berufswunsch zu erfüllen und Medizin zu studieren. Alle meine Hoffnungen muß ich begraben. Ich bin fertig, total fertig.« Bei diesen Worten zog sich unser Sohn in sein Zimmer zurück.

Ich litt mit Johannes, war verärgert, ja geradezu wütend. Am liebsten hätte ich Herrn Müller sogleich angerufen und ihm die Meinung gesagt. An keiner Stelle sind Mütter so verletzbar wie da, wo es um ihre Kinder geht, ihr eigen Fleisch und Blut. Ich meinte, berechtigten Anlaß zu haben, meinen Zorn beim Prüfer los zu werden.

Aber genau das verwehrte mir Jesus. Er zeigte mir einen anderen Weg. Ich sollte lernen, auch die Unannehmlichkeiten, die Enttäuschungen, die Irrtümer, die Benachteiligungen aus seinen Händen anzunehmen und zu vertrauen, daß mir alle Dinge zum Besten mitwirken, auch ein verpatztes Abitur.

Inzwischen hat sich unser Sohn schon dreimal um einen Studienplatz für Medizin beworben, und dreimal flatterte der Ablehnungsbescheid in unser Haus. Jedesmal nahm ich den Brief und breitete ihn im Gebet vor Gott aus. Auch da erfahre ich – vielleicht in vermehrtem Maße – die Liebe meines Herrn, wenn mir nicht alle meine Wünsche in Erfüllung gehen. Je hilfloser ich mich fühle, desto mehr berge ich mich in Jesu Hand. Und so bin ich Gott gerade recht. Sein liebender Blick trifft mein verwundetes Herz, und ich erfahre die Wohltat seines Zuspruchs, die Christus gilt, die aber auch auf mich zutrifft, wenn ich von Jesus gehalten bin: »Du bist mein lieber Sohn, an dem ich Wohlgefallen habe.«

Alle verwehrten Wünsche, alle herben Enttäuschungen, alle beschwerlichen Wege mutet mir Gott zu. Er will, daß ich im Glauben bewährt werde, meine Hilfe nicht bei mir selber suche und dennoch die Erfahrung mache, die der Psalmist in folgende Worte faßt: »Erkennet doch, daß der Herr seine Heiligen wunderbar führt; er hört, wenn ich ihn anrufe« (Psalm 4,4).

Unser Johannes hat sein ersehntes Berufsziel, Arzt zu werden, nun aufgegeben; aber darf ich Gott nicht zutrauen, daß er unseren Sohn auch als Betriebswirt brauchen kann und ihn in dieser Aufgabe zufrieden macht? Ich darf wissen: der Herr macht keine Fehler. Ich werde nicht zu Schanden, sondern hoffe auf ihn. So wie ein Vogel den Gegenwind braucht, um an Flughöhe zu gewinnen, so kann auch ich in meinem Menschsein nur reifen, wenn ich durch Anfechtung bewährt werde und Zuversicht behalte. Über allem aber steht Jesu Treue. Sie bricht wie ein Regenbogen am Gewitterhimmel durch. Anfang, Mitte und Ende meines Lebens sind von seiner Gnade umspannt.

Natürlich möchte ich in meiner Familie auf der Sonnenseite stehen, möchte immer glücklich sein. Aber das Wort Gottes lehrt, daß ich auf diesem Wege nicht in den Genuß des Wachsens und Reifens komme. Ich kann nicht zu dem Vorrecht gelangen, Gott bei seiner Arbeit zuzusehen, wie er gerade unter Leiden mir sein göttliches Bild aufprägt. Jesus hat auf dem Weg zum Kreuz Gehorsam gelernt. Kann ich erwarten, daß ich auf leichtere Weise dieses hohe Ziel erreiche? Ich verstehe zwar nicht immer Gottes Handeln; aber wäre Gott Gott, wenn ich kleiner Mensch ihn in allem begriffe? Wer bin ich, daß ich mit Gott hadern dürfte? Und wenn ich mitunter den Eindruck gewinne, die Last wird mir zu schwer, ich zerbreche unter dieser Bürde, dann will ich Christus am Kreuz anschauen. Daraus erwächst mir Kraft und neue Hoffnung.

Das erlebte ich auch an einer jungen Mutter. Vier Kinder hatte sie. Das Jüngste, Nicol, war schwerbehindert auf die Welt gekommen. Vor einigen Jahren erkrankte diese Mutter ernstlich. Sie wurde operiert, und eine Niere mußte entfernt werden. Sie war von Krebs befallen. Die Mutter erholte sich relativ schnell und war zuversichtlich, daß mit diesem radikalen Eingriff dem Krebs Einhalt geboten war. Aber vor zwei Jahren traten plötzlich erneut Beschwerden auf. Die Untersuchungen in der Klinik ergaben, daß die bösartigen Zellen doch weiter gewuchert waren und auch die zweite Niere Geschwulste aufwies. Außerdem hatten sich im Kopf Metastasen gebildet. Die Frau beschwor die Ärzte, ihr doch eine andere Niere zu transplantieren; aber dieses Risiko konnten die Mediziner nicht eingehen. Bei einer Transplantation muß die Immunität des Körpers herabgesetzt werden, und das hätte zur Folge gehabt, daß sich die Metastasen im Kopf schneller hätten ausbreiten können. Diese Frau schien nach dem Urteil der Ärzte eine Todeskandidatin zu sein. Sie gaben ihr nur noch wenige Wochen zu leben. Die Frau war verzweifelt, lehnte sich gegen Gott auf, schrie und rebellierte: »Herr Gott, warum tust du mir das an? Warum bist du so grausam zu mir, so unberechenbar? Ich will doch leben, lieber Herr, leben will ich! Sieh meine Kinder an und denk an Nicol! Nein, Gott, das kannst du mir nicht antun, ich will nicht sterben. Leben will ich, hörst du, leben!«

Tagelang war diese Mutter der Verzweiflung nahe. Dann aber beim Lesen des Evangeliums griff Gott ein. In ihrer stillen Zeit kam sie an die Geschichte von dem Aussätzigen, der zu Jesus kommt und ihn anbetet: »Herr, so du willst, kannst du mich wohl reinigen«. Der Aussätzige und Ausgestoßene erfährt, daß Jesus seine Hand ausstreckt und zu ihm sagt: »Ich will's tun, sei gereinigt!« Dieser Zuspruch weckte in der Mutter Hoffnung und einen starken Glauben. Sie schämte sich, daß sie sich so gegen Gott aufgelehnt hatte. Sie gewann neue Zuversicht. Das Wort der Bibel wurde ihr zum festen Fundament. Darauf stützte sie sich.

Ich hatte von dieser unbegreiflichen Führung gehört, und mir war klar, ich sollte diese Frau durch mein fürbittendes Gebet unterstützen und trösten. Aber wie sollte ich das tun? Ich war ja gesund, und es wurde mir schwer, einem leidenden Menschen das Mitgefühl zu zeigen. Keine Zeile brachte ich aufs Papier, obwohl mir sonst das Schreiben Freude macht.

Ich war diesem Schicksalsschlag gegenüber hoffnungslos, ja ohnmächtig. Mir war einsichtig, der Trost könne nur aus dem Munde des Allmächtigen kommen. So nahm ich mein Taschenbuch »...So sollt ihr meinen Bogen sehen« - ein Trostbuch für angefochtene Leute - und schrieb als Widmung nur einen Vers aus Psalm 90 hinein: »Herr Gott, du bist unsere Zuflucht für und für.«

Ein paar Tage später rief mich diese Frau an. »Ich danke Ihnen, Frau Bormuth, für diese Verheißung. Sie haben mich getröstet. Ja, ich will mich an den Ausspruch des Knechtes Mose halten und meine Zuflucht zu Gott nehmen. Herzlichen Dank auch für Ihre Fürbitte.«

Ich selbst war um eine Erfahrung reicher. Gott vermag aufzurichten, wo mir die Worte auf den Lippen verwesen. Sein Wort ist Leben und Kraft, ein Bergungsort in aller Trostlosigkeit, ein Wort der Hoffnung.

Gott erhörte unsere Gebete und legte der Mutter bis jetzt zweieinhalb Jahre zu. Ich will ihm weiter vertrauen!

Es war irgendwo in Süddeutschland. Ich sprach zu dem Thema: Welche Bedeutung hat Christus für unsere Familie. Im Anschluß an den Vortrag kam eine Mutter auf mich zu. »Frau Bormuth, darf ich Sie sprechen?« Zunächst saßen wir uns schweigend gegenüber. Es fiel ihr schwer, ihren Kummer zu offenbaren. Nach intensivem Zureden ließ sie mich in entsetzliche Erziehungsnöte blicken.

»Frau Bormuth, ich muß Ihnen sagen, daß ich an meinem Mann gar keinen inneren Halt habe. So muß ich in der Familie die Starke spielen, damit nicht alles auseinander bricht. Dabei betone ich, daß ich diese Rolle sehr schlecht spiele. Nach außen hin behalte ich die Zügel in der Hand, aber wenn ich allein bin, breche ich unter der Last fast zusammen. Ich kann den Zwiespalt in der Familie nicht mehr länger ertragen. Ich hatte viel Hoffnung für unsere Söhne. Sie waren beide gut erzogen, gingen in den christlichen Jugendkreis, besuchten das Gymnasium und legten beide ein glänzendes Abitur ab. Der Ältere wollte seine Berufung, für Gott im Dienst zu stehen, festmachen und begann mit dem Theologiestudium. Der Jüngere zog es vor, eine Lehre als Großhandelskaufmann anzufangen. Aber dieser Schritt wurde ihm zum Verhängnis. Er geriet in schlechte Gesellschaft. All mein Reden fruchtete nicht. Er verstrickte sich immer mehr in dunkle Geschäfte. Er kaufte Autos, verkaufte sie wieder, tauschte mit Videogeräten und handelte mit Autozubehörteilen. Es war ein solches Durcheinander, daß er selbst die Übersicht verlor. So geriet er in große finanzielle Schwierigkeiten. Seine Schulden reichten in die Zigtausende hinein. Die Firmen wollten ihr Geld, aber seine Kundschaft zahlte nicht. Es waren meist junge Kerle, die keinen Pfennig besaßen, weil sie noch in der Ausbildung oder bei der Bundeswehr waren. Sie nutzten seine Gutmütigkeit aus und vertrösteten ihn: Warte bis ich meine Abfindung bekomme, oder bis ich meine Lehre fertig habe, dann will ich dir das Geld zahlen. Als er schließlich keinen Ausweg mehr wußte, überfiel er eine Bank. Er wurde der Tat überführt und landete mit einer hohen Zuchthausstrafe hinter Gittern.

Ahnen Sie, Frau Bormuth, wie ich um diesen mißratenen Sohn leide? Was soll bloß aus ihm werden? Beruflich ist er ruiniert. Mich peinigt auch die Angst, was wird mein Sohn an Schlechtigkeiten in dieser heruntergekommenen Gesellschaft alles lernen? Der Knast hat einen Menschen nur noch mehr verdorben. Wird mein Junge je wieder auf einen geraden Weg kommen? Von seinem Glauben aus Kindertagen ist nichts mehr übriggeblieben. Ahnen Sie, was es bedeutet, einen Bankräuber zum Sohn zu haben? Es ist ein Spießrutenlaufen für mich, wenn ich durch die Straßen gehe und die abfälligen Blicke der Leute mich treffen. In solch einer kleinen Stadt kennt jeder jeden. Sie werden es kaum glauben, wie häßlich die Mitbewohner sein können. Sehen Sie noch eine Chance für mich und für meinen Jungen? Aus lauter Verzweiflung habe ich schon mit dem Gedanken des Selbstmords gespielt.«

Mich macht der Kummer dieser Mutter auch betroffen. *Ein* Sohn wird Verkündiger des Evangeliums, und der andere sitzt im Zuchthaus. In was für einer Spannung muß diese Mutter leben? Ist in diesem Fall nicht alles hoffnungslos?

Nein! Gott sei Dank, nein! Dieser Junge, der unter Gebet von Gott empfangen wurde, für den die Mutter die Hände aufhob zu Gott, bevor er geboren wurde, der das Geschenk der Wiedergeburt schon in Kindertagen erfuhr, für den die Mutter heute inniger als je ihr Rufen und Schreien zu Gott schickt, ein Kind so vieler Gebete kann nicht verloren gehen.

In 1. Petrus 3,1.2 steht eine große Verheißung. Sie gilt zunächst für den Ehemann. Ich möchte sie aber auch auf die Kinder ausdehnen. »Desgleichen sollen die Frauen ihren Männern untertan sein, auf daß auch die, die nicht glauben an das Wort, durch der Frauen Wandel ohne Wort gewonnen werden, wenn sie ansehen euren keuschen Wandel in der Furcht.«

Da wo eine Mutter sich im täglichen Leben als Christin erweist, sich aus dem biblischen Wort speist, im Gebet die Gemeinschaft mit ihrem himmlischen Vater pflegt, wird das auch Einfluß auf ihre Kinder haben. Und so ermutigte ich diese Mutter, an der Liebe zu ihrem Sohn fest zu halten und zu ihm zu stehen. Er soll auch hinter Gittern wissen, meine Mutter läßt mich nicht im Stich, selbst dann nicht, wenn ich ihr große Schande gemacht habe und in die Fänge des großen Verführers geraten bin.

Die Liebe der Mutter, ihr Glaube an Gott, die Hingabe an ihre Familie sind wirkungsvolle Mittel, den Sohn von der verderblichen Spur zurückzuholen. Oft werde ich an diese Mutter erinnert, und nicht nur an diese Mutter. Ich kenne noch andere Mütter, gläubige Christinnen, die um ihre Kinder hinter Gefängnismauern ringen, und dann falte ich meine Hände und bete, daß sie zu Jesus finden.

Ich vergesse das Zimmer nicht, wo wir niederknieten, unter Tränen Gott anriefen und so neue Zuversicht gewannen.

Diese Mutter ist dem Vater zu vergleichen, der in der Beispielerzählung vom verlorenen Sohn mit ausgestreckten Armen solange zu Hause wartet, bis sein Sohn umkehrt von seinem Schweinetrog, wo er gelandet war, und in der Liebe des Vaters tief durchatmet und ein neuer Mensch wird. Wieviele Väter und Mütter sehnen den Tag herbei, da ihre verlorenen Söhne und Töchter wieder auf den Weg des Glaubens finden. Dabei müssen die Kinder nicht erst auf Abwege geraten sein. Daß sie ohne Gott leben, ist Abweg genug, denn sie verfehlen das Ziel, das sich der Schöpfer mit ihnen gesteckt hat.

Unsere junge Generation braucht unser Gebet, sie braucht unsere Hoffnung, sie braucht unsere Liebe.

Ich bin geliebt

Mit großem Bangen fahre ich zu einer Rüsttagung. Ich bin gebeten worden, für einen erkrankten Referenten einzuspringen. Sein Name ist weithin bekannt, und er genießt einen guten Ruf. Auf seinem Gebiet der Sexualethik ist er eine Kapazität. Die Teilnehmerinnen erwarten also ein männliches Wesen, und nun müssen sie mit mir vorlieb nehmen. Sicher werden sie enttäuscht sein. Dieser Gedanke legt sich bedrükkend auf mich. Mein Gemüt ist beschwert. Aber Gott sieht meine Zweifel, meine Sorgen, ich bin ihm nicht gleichgültig. Schon die Fahrt im Intercity gestaltet sich zu einem beglückenden Erleben. Mir gegenüber sitzt in den roten Polstern eine jüngere Frau. Freundlich hilft sie mir, mein Gepäck zu verstauen, und gemeinsam wuchten wir den schweren Koffer ins Gepäcknetz. Sogleich beginnt sie auch ein Gespräch mit mir. Sie kommt von einem Besuch bei ihrer schwer erkrankten Mutter, und das Entsetzen ist ihr noch ins Gesicht geschrieben. »Krebs«, lautet die Diagnose des Arztes, und wer hätte nicht vor dieser schrecklichen Geißel der Menschheit Angst, die todbringende Wunden schlagen kann? Ich weiß, ich sollte sie unter den tröstenden Zuspruch von Gott stellen, aber mir ersterben angesichts so großen Leids die Worte auf der Zunge. Es wird still im Abteil.

Da ich am Morgen wegen des frühen Aufbruchs meine Andacht nicht habe halten können, hole ich jetzt meine Bibel hervor und lese den Abschnitt des Tages. Ein Vers wird mir zur frohen Gewißheit. Ich nehme ihn in mir auf und bewege ihn im Innersten.

»Wie hat Gott die Leute so lieb! Alle seine Heiligen sind in seiner Hand; sie werden sich setzen zu deinen Füßen und werden lernen von deinen Worten.« Wäre das nicht auch ein Trost für meine Mitreisende und ihre kranke Mutter? Ich wende mich ihr zu. »Ich habe eben etwas Ermutigendes gelesen. Darf ich es Ihnen mitteilen?« Ich wiederhole diesen verheißungsvollen Vers und sage erläuternd: »Auch Sie dürfen wissen, Gottes segnende Hände sind über Ihrer lieben Mutter ausgebreitet. Seine Liebe gilt ihr in diesem Augenblick in der

Frauenklinik in Marburg. Sie gilt aber auch Ihnen in Ihrer großen Bekümmertheit. Ich selber habe schon oft im Leid die Liebe meines Herrn erfahren. Gerade die kleinen Hilfen und Wohltaten sind mir ein Beweis, daß Gott mich niemals vergißt. In meinem Elend nimmt er sich meiner an und stellt sich mit unter die Last meines Lebens. Er will mir damit bewußt machen, ich bin nicht verlassen. Seine Augen sind auf mich gerichtet, und sein liebender Blick erfreut mein trauriges Herz. Er, der von sich sagt, er ist ein Arzt und Helfer, kann auch Ihrer Mutter Heilung und Genesung schenken. Sie dürfen ihm vertrauen. Und wenn er es anders beschlossen haben sollte – und wer sind wir, daß wir mit Gott hadern dürfen, dann wollen wir uns seinem Willen fügen. Der Tod eines Menschen, der sich im Leben glaubend an Gott gehalten hat, bedeutet Vollendung und Eingang in Gottes neue Welt. Dort wird es dann keine wuchernden Krebszellen, keine Trauer, keinen Schmerz und keine Verzweiflung mehr geben. Halten Sie dieses Wort fest: Wie hat Gott die Leute so lieb. Alle seine Heiligen sind in seiner Hand, heute, morgen und in alle Ewigkeit.«

Tränen der inneren Rührung laufen meiner Mitreisenden über die Wangen. Mit bewegter Stimme sagt sie: »Ja, Sie haben recht. Ich will mich an Gott und an sein Wort halten, wie ich es schon seit langem versuche. Täglich lese ich die Losungen. Sie sollen weiterhin als Zusagen Gottes über meinem Leben stehen. Daraus wird mir neu Kraft erwachsen. Ich will Glauben halten, aber ich muß zugeben, daß ich oft verzagt und hilflos bin. Ihnen aber möchte ich herzlich danken, daß Sie an meinem Kummer Anteil genommen haben.«

Mir hat dieses Gespräch auch gut getan. Meine anfängliche Bangigkeit habe ich fast vergessen. Die Zeit ist wie im Flug vergangen. Durch den Lautsprecher schallt es: »Meine Damen und Herren, in wenigen Minuten erreichen wir Stuttgart.«

Ich ziehe den Mantel an, und die junge Frau hilft mir mit meinem vielen Gepäck. Mit herzlichen Worten verabschieden wir uns. Ich steige aus und erlebe die nächste frohe Überraschung. Während ich mich noch mit meinem Koffer und der schweren Reisetasche abmühe, kommt eine Frau schnellen Schrittes auf mich zu. »Sie sind doch Frau Bormuth? Ich habe gehört, daß Sie zur Mütterrüste mit diesem Zug anreisen und hier umsteigen müssen. Ich wollte Ihnen gerne behilflich sein. Ich wohne nämlich in der Nähe des Bahnhofs.«

Meine Augen werden immer größer. »Nein, das gibt es doch nicht«, staune ich. »Das ist mir noch nie passiert. Wie soll ich Ihnen Ihre Liebe nur danken! Ihr Handeln tut mir wohl.«

Ich bin überwältigt. Da löst sich eine Hausfrau am Vormittag, wenn die Arbeit drängt, von zu Hause los, um mir beim Umsteigen zu helfen und die Koffer zu schleppen. In der Liebe dieser Christin leuchtet mir die Wahrheit des Mosewortes entgegen. Ich erfahre handgreiflich: »Wie hat Gott seine Leute so lieb.« Als kleines Dankeszeichen hole ich schnell mein neuestes Taschenbuch aus dem Gepäck und drücke es dieser lieben Frau in die Hand. Mit einem frohen Winken verlasse ich die schwäbische Landeshauptstadt.

Wieder sitze ich in den weichen Polstern. Diesmal ist es ein Eilzug, der mich in das schöne Freizeitheim »Schönblick« bringt. Ein gepflegtes, herrliches Haus, in dem eine herzliche, wohltuende Atmosphäre herrscht.

Am Bahnhof werde ich abgeholt. »Seien Sie uns herzlich willkommen, Frau Bormuth! Wir freuen uns, daß Sie in die Bresche gesprungen sind«, begrüßt mich der Tagungsleiter.

Lieber Mann, muß ich denken, wenn du wüßtest, wie mulmig mir zumute ist. Aber ich danke dir für den netten Empfang.

Ich empfinde mein Unvermögen sehr stark und weiß, daß ich ganz von Christus anhängig bin. Ich erbitte mir für die Rüsttage den Segen Gottes. Möge er deutlich machen, wie er die Menschen liebt und seine Kinder geborgen in seiner Hand hält. Das Wort, das ich in aller Schwachheit und Kümmerlichkeit in seinem Namen verkündige, möge er gebrauchen, um neues Leben zu schaffen auch bei diesen vielen Frauen und Müttern, die voller Erwartungen hier angereist sind.

Meine Befürchtungen, die ich hatte, treffen gar nicht zu, jedenfalls verspüre ich keine ablehnende oder enttäuschte Haltung. Die Teilnehmerinnen sind bereit, mit mir vorlieb zu nehmen.

Meine Vorträge werden dankbar aufgenommen, und ich freue mich über den regen Austausch. Es ergeben sich auch eine Reihe seelsorgerlicher Gespräche. Die Mütter werden neu ihres Glaubens froh. Das bewirkt Gott.

Unter der Vielzahl der Tagungsgäste fällt mir eine jüngere Mutter immer wieder ins Blickfeld. Schon durch ihre elegante, moderne Kleidung hebt sie sich von den anderen Frauen ab. Sie versteht sich auch ausgezeichnet auf die Kunst des Schminkens. Aber Wangenrouge und Lippenstift können die innere Zerrissenheit nicht überdecken. Ihr Gesicht ist stark angespannt und die Augen ruhelos. Woran mag sie nur leiden? Sie hängt bei den Bibelarbeiten an meinem Munde, so als habe sie Angst, etwas Wesentliches zu verpassen.

Diese Frau interessiert mich, und als ich nach dem Abendessen mit ihr zusammentreffe, spreche ich sie an: »Gefällt es Ihnen hier auf dieser Tagung?« Anstatt mir eine Antwort zu geben, bricht die Frau in Tränen aus. Sie schluchzt und weint.

»Bitte kommen Sie doch auf mein Zimmer, wir brauchen uns nicht hier draußen auf dem Flur zu unterhalten«, mit diesen Worten geleite ich die Weinende in meine Behausung.

»Ich bin so schlecht, nein ich bin so schlecht, was habe ich in meinem Leben alles falsch gemacht. Wenn ich mich mit anderen Müttern vergleiche, falle ich total aus dem Rahmen. Was soll ich nur tun? Sie sprechen so viel vom Glauben, Frau Bormuth, aber was heißt das eigentlich, glauben? Ich verstehe mich oft selbst nicht mehr. O Gott, hilf mir doch!« In diesem Satz gipfelte die Verzweiflung.

Ich lasse ihr Zeit, alle angestaute Erregung in Worte zu fassen. Still sitze ich da und höre ihr zu. Wie gut tut es ihr, sich alles von der Seele reden zu können und die schreckliche Bedrückung bei mir los zu werden. Sie berichtet mir von dem schwerwiegenden Erleben, das nur wenige Wochen zurückliegt. »Sie müssen wissen, Frau Bormuth, wir waren im Urlaub in Jugoslawien. Plötzlich wurde unsere kleine Tochter todkrank. Ein geplatzter Blinddarm brachte sie an den Rand des Todes. In meiner Not habe ich zu Gott geschrien, und er erhörte mich. Unsere Natalie genas. Es war uns ein Wunder, daß wir in dieser einsamen Gegend einen deutschsprechenden jungen Mann fanden, der uns in ein Krankenhaus dirigierte. Dort wurde sie operiert, und alles wurde wieder gut. Wir haben unsere Tochter neu geschenkt bekommen.

Wir waren auch in großer Sorge um eine nahe Verwandte.

Vor ein paar Wochen wollte sie sich das Leben nehmen. Sie hatte Gift genommen und sich in einem entlegenen Waldstück auf eine Bank gelegt. Bewußtlos wurde sie von zwei Spaziergängern aufgefunden. Ein Notarztwagen brachte die Lebensmüde auf die Intensivstation. Drei Tage lag sie im Koma. Wieder rief ich zu Gott, denn ich war verzweifelt. Ich erfuhr seine Hilfe, die Verwandte überlebte diesen Selbstmordversuch.

Gerade diese Erfahrung mit dem mir unbekannten Gott, wie er mein Rufen erhört hat, macht mich nachdenklich. Ich empfinde auch meine Schuld als sehr bedrückend. Er meint es sehr gut mit mir, ich aber habe Jahre meines Lebens ohne ihn zugebracht, habe mich überhaupt nicht um ihn gekümmert. Ich bin schlecht, so schlecht, ich weiß nicht aus noch ein. Was soll ich nur machen?«

Ich schlage Jesaja 43 auf. Gemeinsam lesen wir die folgenden Verse: »Und nun spricht der Herr, der dich geschaffen hat: Fürchte dich nicht, denn ich habe dich erlöst; ich habe dich bei deinem Namen gerufen; du bist mein! Denn so du durch Wasser gehst, will ich bei dir sein, daß dich die Ströme nicht sollen ersäufen; und so du durchs Feuer gehst, sollst du nicht brennen, und die Flamme soll dich nicht versengen. Denn ich bin der Herr, dein Gott, der Heilige, in Israel, dein Heiland. Weil du so wert bist geachtet vor meinen Augen, mußt du auch herrlich sein, und ich habe dich lieb. So fürchte dich nun nicht; denn ich bin bei dir.«

Ich führe meiner Gesprächspartnerin die Liebe Gottes mit diesen Versen vor Augen.

»Sie sind bei Gott wertgeachtet. Er hat seine Liebe zu Ihnen bewiesen, als er Jesus, seinen eigenen Sohn, am Kreuz opferte, damit Sie und ich mit Gott versöhnt würden. Der Tod Jesu auf Golgatha ist das aufgerichtete Zeichen seiner Liebe zu uns. Dort bewies Jesus seine Hingabe an Gottes Willen und seine Treue zu seinem himmlischen Vater. Nun braucht niemand mehr wegen seiner Schuld verloren zu gehen und vor Gott in Angst zu geraten. Das Blut Jesu Christi reinigt uns von jeder Sünde und schützt uns vor den Angriffen des Teufels. In Gottes Augen dürfen wir rein dastehen, so als hätten wir nie eine Sünde begangen. Das ist frohe Botschaft für uns Menschen. Darf ich Sie fragen, ob Sie in die Hand Jesu einschlagen wollen, die er Ihnen entgegenstreckt? Wollen Sie sich in den Frieden Gottes hineinnehmen lassen? Wollen Sie fortan Christus nachfolgen, sich an seinen Geboten orientieren und ihm die Treue halten?« Es folgt ein Ja, wenn auch ein schwaches Ja, ein zaghaftes Ja unter Tränen. Aber der Herr nimmt es auf, hört es und spricht sein göttliches Ja zu dieser Entscheidung.

Dann beten wir noch miteinander und danken dem Herrn für dieses große Geschenk der Wiedergeburt; denn es heißt im neuen Testament: »Ist jemand in Christo, so ist er eine neue Kreatur, das Alte ist vergangen, Neues ist geworden.«

Am nächsten Morgen setze ich mich am Frühstückstisch neben meine Gesprächspartnerin von gestern Abend.

»Frau Bormuth, die ganze Welt könnte ich umarmen. Ich bin sooo froh. Es waren zwar kräftige Geburtswehen, aber jetzt bin ich durchgeschlupft«, kommt es glücklich über ihre Lippen. Und noch einmal erkenne ich in der Tiefe die Bedeutung der Zusage Gottes: »Wie hat Gott seine Leute so lieb. Alle seine Heiligen sind in seiner Hand.«

Wo ist Jonathan?

Ein Fest sollte gefeiert werden, ein schönes, großes Fest, ein Grillfest. Einige Dorfbewohner brachen mit Kind und Kegel zum nahegelegenen Wald auf. Es war sommerlich warm, und jeder freute sich auf diese fröhliche, unbeschwerte Begegnung im Grünen.

Aber mitten in diese Festfreude hinein fiel ein herber, bitterer Wermutstropfen. Jonathan wurde vermißt. Der dreijährige kleine Kerl war nirgends aufzufinden. Mit einigen größeren Kindern war er losgezogen, um Holz für das Feuer zu sammeln, aber irgendwie war er unbemerkt fortgelaufen und abhanden gekommen. Keiner konnte sich erklären, wie das hatte geschehen können. Vater, Mutter, Freunde und Bekannte machten sich auf den Weg, um den Jungen zu suchen. Aber alles war vergebens. Die Menschen auf dem Grillplatz waren plötzlich nur von dem einen Gedanken besessen: Wo ist Jonathan? Keiner dachte mehr an die knackigen Bratwürste oder saftigen Steaks. Wo ist bloß Jonathan? fragten sich alle.

Als es allmählich dunkler wurde und der Abend anbrach, wurde die Polizei und die Bundeswehr alarmiert und in die Suche mit einbezogen. Jeder Waldstrich wurde systematisch durchkämmt, aber ohne Erfolg. Sogar die Zeitungen berichteten über diesen Vorfall, und die Bevölkerung wurde aufgerufen, verdächtige Wahrnehmungen der Polizei zu melden. Keiner konnte sich erklären, wie dieses Kind spurlos verschwinden konnte. War der Junge einem Verbrechen zum Opfer gefallen, war er verunglückt? Wo war Jonathan?

Wer selbst einmal ein Kind hat suchen müssen wie ich, der weiß, welche Höllenängste eine Mutter durchleidet. Unser Daniel war ungefähr drei Jahre alt. Ich hatte ihn zum Austoben auf den Spielplatz geschickt. Als es dunkel wurde und der Knirps noch immer nicht nach Hause kam, suchte ich ihn mehrere Stunden verzweifelt. Bei Eiseskälte lief ich über Wiesen und Felder und schrie, so laut ich konnte: »Daniel, Daniel!« Nie mehr werde ich diese wenigen Stunden vergessen, die mich in schreckliche Ängste stürzten. In meiner Not habe ich immer wieder Stoßgebete zum Himmel geschickt: »Lieber Gott, laß mich meinen Jungen finden.«

Ich war überglücklich, als ich im Schein der Straßenlaterne Daniels weißes Mützchen entdeckte. Nachbarskinder hatten ihn zu einem Jungscharfest mitgenommen.

Ich litt mit der Mutter von Jonathan und wußte, in welcher Bedrängnis sie war. Es war mir innerstes Bedürfnis, für dieses Kind zu beten, es möchte gefunden werden. »Lieber Herr, du weißt, wo sich der Junge befindet. Bewahre ihn in allen Gefahren. Bring ihn wieder nach Hause und tröste seine Eltern. Erbarm dich ihrer und steh ihnen in ihrer Not bei. Tu doch bitte ein Wunder, ich weiß, es steht in deiner Macht. Amen.«

Und während ich in meiner Küche stand und die bunt karierten Hemden meiner Söhne bügelte, waren meine Gedanken bei Gott und bei den Eltern dieses vermißten Kindes. Ich fühlte mich mit ihnen verbunden, obwohl ich sie nicht kannte. Gemeinsam erduldetes Leid hat verbindende Kraft. Wer kann meine Freude empfinden, als schon am nächsten Tag die Presse in einer Schlagzeile berichtete: Vermißter Junge nach drei Tagen unverletzt aufgefunden.

Ein Soldat des Suchtrupps hatte den Jungen unter einem Baum sitzend aufgespürt und nach Hause gebracht. Beim Anblick des Soldaten habe das Kind gesagt: »Ich habe Durst.« Mit Tränen in den Augen schlossen die Eltern Jonathan in die Arme. Ich war überglücklich und freute mich mit Vater, Mutter, Schwester und allen Bekannten und Verwandten. Ich lobte Gott, der mein Gebet erhört hatte.

Mir war klar, ich sollte den Eltern einen Gruß schicken. Ich wollte ihnen einfach sagen, wie sehr ich mich über den glücklichen Ausgang dieses Geschehens freue. Ich wollte sie teilnehmen lassen an meiner Gebetserhörung und ihnen die Größe Gottes und seine Liebe zu ihrem Kind vor Augen führen. Ein Wort aus Psalm 139,5 wurde mir zum Leitspruch: »Von allen Seiten umgibst du mich, Herr, und hältst deine Hand über mir.« Gottes Fürsorge ist unbegreiflich. Er kümmert sich um ein verlorengegangenes Kind, behütet es in allen Gefahren und bringt es wieder nach Hause.

Ich selber habe die Durchhilfe und den Schutz Gottes vielfältig an meinen Kindern erfahren, und das gibt mir Mut, für andere im Gebet einzustehen. Es lohnt sich immer, Gott zu vertrauen.

Dieser Vers aus Psalm 139 ist für mich zu einem Schlüsselwort geworden. Oft spreche ich ihn leise oder auch laut vor mich hin, wenn ich meine Kinder an den Flughafen begleite oder wenn sie mit dem Auto unterwegs sind. Es ist mir nie selbstverständlich, wenn sie bewahrt von einer Reise heimkehren.

So schickte ich einen Brief mit einer Kunstkarte, die ein kleines Kind geborgen in einer mächtigen Hand darstellte, an folgende Adresse: »An die Eltern von Jonathan Müller, der vermißt und wiedergefunden wurde, in Ehringshausen.«

Im stillen Gebet segnete ich dieses Kind, an dem ein so großes Wunder geschehen war. Zwei Tage später rief mich Frau Müller an: »Spreche ich mit Frau Bormuth? Ich möchte Ihnen sagen, Ihre Zeilen haben uns sehr erfreut. Wir danken Ihnen, daß Sie an uns gedacht haben. Ein herzliches Dankeschön aber für Ihre Gebete. Darf ich Sie noch zu einer Tasse Kaffee einladen? Wenn Sie mal in unserer Gegend sind, schauen Sie mal bei uns herein.« Ihrer Stimme merkte ich noch die tiefe Erschütterung an.

»Ich komme gerne, sollte mich mein Weg in Ihre Nähe führen. Darf ich Sie noch fragen, ob ich Ihnen ein kleines Buch aus eigener Feder schicken kann?«

»Aber gerne, Frau Bormuth, darüber würde ich mich sehr freuen. Nochmals herzlichen Dank für Ihr Mittragen, Ihr Mitbeten und Ihr Mitfreuen. Auf Wiederhören!« In der Stimme dieser Mutter klang beides mit: Ergriffenheit und Dank.

So holte ich vom Regal mein erstes Taschenbuch: »Ich staune über Gottes Führung«, und schrieb als Widmung den Lobpreis aus Psalm 103 hinein: »Lobe den Herrn, meine Seele, und was in mir ist seinen heiligen Namen! Lobe den Herrn, meine Seele, und vergiß nicht, was er dir Gutes getan hat! Der dir alle deine Sünden vergibt und heilet alle deine Gebrechen, der dein Leben vom Verderben erlöst und der dich krönet mit Gnade und Barmherzigkeit, der deinen Mund fröhlich macht, und du wieder jung wirst wie ein Adler.«

Ehe ich diese Buchsendung zum Briefkasten brachte, saß ich einige Augenblicke still da. Meine Hände falteten sich zum

Gebet und ehrten Gott, der heute noch Wunder tut.

Ein paar Tage später fiel der Antwortbrief durch den Türschlitz. Jonathans Mutter hatte das Buch erhalten und schickte mir als Dank ein Photo ihres Sohnes.

Ein schönes Kind, ein sehr schönes Kind sogar, mußte ich denken. Mit wachen Augen blickte es mich an. Nun steht das Bild auf meinem Schreibtisch und erinnert mich an die wunderbare Geschichte, wie Jonathan gerettet wurde.

Einige Monate später rief mich eine Frau an und bat mich, in Ehringshausen einen Bibelabend zu halten.

»Zu Ihnen komme ich sehr gerne, habe ich doch in Ehringshausen einen kleinen Freund«, gab ich zur Antwort. »Darf ich fragen, wen Sie hier kennen, Frau Bormuth?«

»Jonathan, mit Jonathan verbindet mich ein wunderbares Erleben, und ich möchte ihn persönlich einmal sehen.«

»Wie, Sie kennen diesen kleinen Jungen, der drei Tage verschwunden war? Mein Mann hat diese Familie medizinisch betreut und ist jeden Tag während dieser schrecklichen Zeit des Wartens bei ihr gewesen. Er hat sie nicht nur behandelt, sondern auch mit ihr Psalmen gelesen und gebetet.

Das letztere war sicher hilfreicher als Spritzen und Tabletten. Nachdem Jonathan nach der Untersuchung im Krankenhaus endlich seinen Eltern übergeben wurde, ließen sie noch am späten Abend meinen Mann rufen, er möge ihnen noch ein Wort Gottes lesen und mit ihnen beten. Sie waren vor Freude tiefbeglückt und weinten.«

Mich bewegte dieser kurze Bericht der Arztfrau. Gott setzt seine Leute ein, um Menschen von Christus zu sagen, und ich durfte auch mitbeteiligt werden.

Im Januar hielt ich dann den Bibelabend in Ehringshausen. Am Nachmittag und frühen Abend aber war ich Gast bei Jonathans Eltern. Der Tisch war festlich gedeckt, und der Empfang herzlich. Jonathans Mutter nahm mich in den Arm und drückte mich an sich. Auch mir liefen die Freudentränen über die Wangen, und ich schämte mich ihrer nicht. Ich wurde an ein Wort von Paulus erinnert: »Weinet mit den Weinenden, und freut auch mit den Fröhlichen!«

An Hand von Zeitungsberichten und Photos erzählten sie noch einmal von diesem schrecklichen Erleben, das einen guten Ausgang fand. Es war mir inneres Bedürfnis, Gott zu loben und ihn anzubeten, und gemeinsam falteten wir die Hände. Als ich dann mit der Mutter zum Bibelabend aufbrach, drückte ich Jonathan beim Verabschieden einen kräftigen Kuß auf die Wange.

Es ist schön, solche Freunde - große und kleine - um sich zu haben, an denen Gottes Macht so spürbar deutlich wurde.

Wie ein Mann seinen Sohn trägt, so...

»Der Herr, euer Gott, zieht vor euch her und wird für euch streiten, wie er mit euch getan hat in der Wüste, da du gesehen hast, wie dich der Herr dein Gott getragen hat, wie ein Mann seinen Sohn trägt.«

Es ist sommerlich warm, und ich sitze mit Frau Volkmann auf der weißen Liege im Garten. Die Birken geben uns Schutz vor der prallen Sonne. Ihre Blätter begleiten säuselnd im sanften Wind unser Gespräch. Unser Reden ist karg und von der Schwere des Problems gezeichnet. Immer öfter verharren wir im Schweigen und versuchen einander zu verstehen. Frau Volkmann leidet an ihrem Leben. Sie hat bedrängende Zeiten durchgemacht, und das nicht ohne eigene Schuld.

Immer wenn in der Familie Nöte auftauchten – Schwiegermutterprobleme –, versuchte sie, diese im Alkoholrausch zu vergessen. In der Bar im Wohnzimmerschrank stand eine ganze Galerie von Flaschen. Dadurch geriet sie in die Fänge der Sucht und wurde alkoholabhängig. Quartaltrinker werden diese Menschen genannt. Mir tut es weh, diesen Ausdruck in den Mund zu nehmen. Kann ich diese junge, attraktive, warmherzige Frau mit solch einem Etikett belegen?

Frau Volkmann verlor die Achtung vor sich selbst, denn nach jedem Rausch gab es ein böses Erwachen. Sie verkroch sich mehr und mehr in ihr Schneckenhaus, verlor den Kontakt zu Freunden und Bekannten, bildete sich schließlich ein, die Menschen zeigten mit Fingern auf sie, und war von Angst und Mißtrauen gequält.

Aber ihre Familie stand zu ihr, setzte alle Hebel in Bewegung und verschaffte dieser geplagten Mutter einen Therapieplatz. Ihre drei noch kleinen Kinder wurden von Verwandten betreut. So kam Frau Volkmann in eine Klinik, die im Geiste Jesu Christi geführt wurde. Neben einer ausgezeichneten, medizinischen Betreuung wurde sie auch seelsorgerlich beraten. Regelmäßig nahm sie an Gottesdiensten teil und tauschte sich in Gesprächen mit dem Klinikspfarrer aus. So lernte sie, ihre Not in Worte zu fassen. Besonders freute sie sich an dem

Bibelspruch, der in ihrem Zimmer aufgehängt war: »Rufe mich an in der Not, so will ich dich erretten, so sollst du mich preisen.«

Sie verspürte das Reden Gottes in ihrer verwundeten Seele, und nach hartem Ringen und Kampf traf sie die Entscheidung für Christus. Ganz bewußt legte sie ihr Leben in seine Hände und empfing die Gabe der Gotteskindschaft. Das ist das schönste und größte Ereignis, das einem Menschen widerfahren kann. Er wird mit seinem Vater im Himmel ausgesöhnt und empfängt Vergebung der Sünden. In dieser Gewißheit wird er froh, und er darf bis in die Tiefen seines Wesens heil werden.

Seit dem Kliniksaufenthalt waren Monate vergangen. Frau Volkmann lebte sichtlich auf und sie nahm wieder die Pflichten in der Familie wahr. Aber immer wenn sie vor schwerwiegenden Problemen stand, oder körperlich erschöpft war, quälte sie das Bedürfnis, zum Alkohol zu greifen, so wie sie es früher gewohnt war. Bisher konnte sie der Versuchung widerstehen, aber die Angst trieb sie um, sie könnte vielleicht doch wieder rückfällig werden.

Frau Volkmann füchtete sich auch vor dem Gerede der Dorfbewohner, denn in einem solch kleinen Ort kennt jeder jeden. Wie grausam können Menschen sein. Sie stürzen sich rücksichtslos auf ihr Opfer und möchten am liebsten den, der wehrlos am Boden liegt, zerfleischen. Verleumdungen und häßliche Redereien können wie scharfe Dolche in einen Hilflosen eindringen und ihn schrecklich zurichten. David, der bedeutendste alttestamentliche König, hat diese Erfahrung durchlitten und in Worte faßt: »Es ist mir sehr angst, aber laß mich in die Hand des Herrn fallen, denn seine Barmherzigkeit ist groß; ich will nicht in der Menschen Hände fallen« (2. Sam. 24,14).

Und während ich neben Frau Volkmann sitze, überlege ich, wie ich ihr helfen könnte. Ein Bibeltext steht mir vor Augen. Ich habe ihn heute Morgen in meiner stillen Zeit gelesen.

»Entsetzet euch nicht und fürchtet euch nicht vor ihnen. Der Herr, euer Gott, zieht vor euch hin und wird für euch streiten, wie er mit euch getan hat in Ägypten vor euren Augen und in der Wüste, da du gesehen hast, wie ein Mann seinen Sohn trägt, durch allen Weg, daher ihr gewandelt seid, bis ihr an diesen Ort kam.«.

Mose, der Führer des Volkes Gottes aus Elend und Tyrannei, hält Rückschau auf vierzig Jahre des Auszugs aus Ägypten. Er macht keinen Hehl daraus, wie beschwerlich die Reise durch die Wüste war. »Groß und grausam ist sie«, sagt er. Oft wurden die Israeliten von Furcht und Entsetzen gepackt, erlitten Ängste, fühlten sich bedroht durch Hunger und Durst, standen mehrmals in Versuchung, wieder in die Sklaverei der Ägypter umzukehren, versündigten sich an Gott und waren verzweifelt. Dieses auserwählte Volk wäre glanzlos untergegangen, hätte Gott sich nicht erbarmt. Er hat es getragen, wie ein Mann seinen Sohn trägt. So mache ich Frau Volkmann Mut, sich in Gottes starke Arme fallen zu lassen und in ihnen auszuruhen. Er wird sie tragen.

Wer unter dem Schutz des Höchsten steht, braucht die Angriffe der Menschen nicht mehr zu fürchten. Er darf sich auch in jeder Versuchung und Anfechtung bei ihm bergen. Es ist auch eine Hilfe, wenn ich einen anderen Christen an meinen Nöten teilnehmen lasse und ihn bitte, mit mir zu beten.

Ich weiß nicht mehr, wie lange wir unter den sich hin und her wiegenden Birken gesessen haben. Wir sind uns ein Stück näher gekommen. Bevor wir auseinander gehen, falten wir noch unsere Hände zum Gebet. Wir loben Gott, der sich des Schwachen erbarmt. Und wer könnte schon von sich sagen, er wäre stark und unangefochten?

Ich geleite Frau Volkmann noch bis zum Gartentor. »Frau Bormuth, Sie haben mir wieder Mut gemacht, ich bin zuversichtlicher und froh. Gott wird auch mich tragen, wie ein Mann seinen Sohn trägt.«

Herr, wenn du mich demütigst...

Wie zerschlagen gehe ich nach dem Gottesdienst dem Ausgang zu. Die Wahrheit der Bibel hat mein Gewissen getroffen, und sie tut weh. Ich kann in keine Ausflüchte fliehen. Gottes Gebote stehen vor mir, so wie sie damals von Mose in Stein gemeißelt wurden, unwiderstehlich und unauslöschlich.

Sie bohren sich in mein Herz und zerreißen mich. Ich erkenne meine Verdorbenheit, und die Sünde bekommt ihren Namen. Wie oft bin ich auf meinen eigenen Vorteil bedacht und meine Motive sind unlauter. Warum kann ich nicht bis in den Grund meines Wesens wahrhaftig sein? Ich will Christus nachfolgen, ihn Herr meines Lebens sein lassen, und doch handle ich in entscheidenden Situationen eigenmächtig, so, als gäbe es ihn nicht. Immer wieder gerate ich in Konflikte hinein und kann sie nicht sieghaft durchstehen. Mein Leben ist von Versuchung geschwängert, und manchmal erliege ich ihr. Ich habe oft einen scharfen Blick für die Schuld des andern, sehe die Splitter in seinem Auge und vergesse des Balkens in meinem eigenen Auge.

Die Predigt von heute morgen hat bei mir ins Schwarze getroffen. Sie hat meine Blöße enthüllt. Das Reden Gottes ist wie ein zweischneidig Schwert, es dringt durch, bis daß es scheidet Seele und Geist, auch Mark und Bein, und ist ein Richter der Gedanken und Sinne des Herzens (Hebr. 4,12). Gott hat mich gedemütigt, und ich kann seinem Blick nicht standhalten. Am liebsten möchte ich mich verkriechen, so sehr schäme ich mich.

In meiner Not stammle ich zu Gott: »Herr, du hast recht, ich tauge nicht vor deinen Augen. Aber um Christi willen verzeih mir die Bosheit des Herzens. Ich bitte dich: vergib mir. Laß das Blut deines gekreuzigten Sohnes über meine Missetat fließen und wasche mich rein von aller Sünde. Verwirf mich bitte nicht, sondern laß mich weiter dein Kind bleiben. Richte mich auf und tröste mich.«

Und dann ereignet sich nach diesem Gebet aus der Tiefe des zerschlagenen Gemütes etwas Einzigartiges. Eine ältere Dame tritt auf mich zu und spricht mich an. Ich kenne sie gar nicht. »Frau Bormuth, ich möchte mich herzlich bei Ihnen bedanken. Sie müssen wissen, ich stecke in einer schweren Krise. Meine Mutter liegt todkrank darnieder. Der Krebs wird ihr noch das Leben kosten, so ernst steht es um sie. Ich kann das Leiden kaum noch mitansehen. Meine Not ist groß. Aber heute Nacht, als ich verzweifelt war, habe ich ein Traktat gelesen. Es stammt aus Ihrer Feder. Beim Nachsinnen über Ihre Worte war es mir, als legte Gott mir ganz behutsam seine Hand auf mein wehes Herz und tröstete mich durch Ihr Erleben. Haben sie herzlichen Dank und schreiben Sie weiter.«

Ich bin wie benommen, begreife mich selber nicht mehr. Da bin ich wie am Boden zerstört, leide an meiner Sündhaftigkeit, sehe meinen Mangel, meine Verfehlung und bin doch zu etwas nütze. Herr Gott, wie wohl tust du mir! Das Lob dieser alten Dame ist mir eine starke Ermutigung. Neu wird mir die Wahrheit bewußt: »Herr, wenn du mich demütigst, machst du mich groß« (Ps. 18,36). Im Leben eines Christen gehört beides zusammen: das Erkennen der eigenen Ohnmacht, der verdorbenen Natur, der abgründigen Häßlichkeiten und die Erfahrung der starken Hand Gottes, die mich dennoch liebt und mich bewahrend über dem Abgrund hält. So ist dieser Sonntag bedrückend und erhebend zugleich. Sinnend denke ich dem Inhalt des Traktats nach, und vor dem Einschlafen ist mir, als habe mir Gott selber diese Zeilen zum Trost diktiert. Mein Herz wird ruhig und zu Dank gestimmt. Zum besseren Verständnis meines Erlebens lasse ich den Inhalt des Traktats folgen.

Wir sind Gott nicht zu klein!

Schon seit Wochen sitze ich an der Übersetzung eines Buches und habe mich durch jedes Kapitel mühsam plagen müssen, bis mir der Text brauchbar schien. Nun habe ich es beinahe geschafft. Noch 17 Seiten liegen vor mir und warten darauf, aus dem Englischen ins Deutsche übertragen zu werden. Nur noch 17 Seiten, und doch meine ich, diese Arbeit nicht zu Ende bringen zu können.

Draußen ist es drückend schwül, mein Geist ist erschöpft, der Blutdruck viel zu niedrig, ich bin lustlos und müde und möchte am liebsten alle Brocken hinschmeißen. Ich sehe das Ziel vor Augen und werde doch mutlos. Diese Erfahrung ist mir nicht neu. Mir fehlt es an Durchhaltevermögen, und meine Energien erlahmen sehr schnell.

Aber plötzlich horche ich auf. Ein helltönendes Gezwitscher dringt an mein Ohr. Ich schaue vom englischen Text auf und erblicke auf unserem Birnbaum genau vor meinem Fenster einen zierlichen, grauen Vogel. Leichtfüßig hüpft er von einem Ast zum anderen, plustert sich auf, läßt sich hin und her schaukeln, reckt seine Kehle stolz in die Luft und jubelt sorglos sein Lied in den Himmel.

Ein Zwiegespräch mit diesem lustigen Gesellen bietet sich mir an. »Ich danke dir, du kleiner, graugefiederter Musikant. Dein unbekümmerter, fröhlicher Gesang beglückt mich. du strahlst Lebensfreude aus, und das wirkt ansteckend. Du gibst mir Mut, an meiner Arbeit zu bleiben. Ich werde es schaffen, ja, ich werde es schaffen. In sechs Tagen, vielleicht auch schon in fünf.«

»Seht die Vögel unter dem Himmel«

Und während ich dem Trillern lausche, ich kann gar nicht genug in mich aufnehmen, werde ich an ein Wort aus dem Neuen Testament erinnert. Dort spricht Jesus: »Seht die Vögel unter dem Himmel an: sie säen nicht, sie ernten nicht, sie sammeln nicht in die Scheunen; und euer himmlischer Vater nährt sie doch. Seid ihr nicht viel mehr denn sie?« (Matthäus 6,26). Ich nehme diese Frage in mich auf, bewege sie im Innersten und empfange von Jesus ganz neu die Gewißheit: Ich bin in Gottes Augen wertgeachtet.

Er, der den Vögeln Raum zum Leben schafft, sie täglich nährt und fröhlich macht, so daß ich ihnen anmerke, es ist eine Lust zu leben, der wird auch mir durchhelfen, mich stärken und ermutigen.

Ich werde mein Ziel erreichen, ja, ich werde es erreichen! Das lehrt mich der kleine, graue Vogel hoch oben im Geäst. Sein triumphierendes Getriller macht meine Sinne frisch und lebendig. Ich greife zur Feder und fülle Seite um Seite.

Ihr seid viel mehr

Seit dieser Beobachtung werde ich die Frage nicht mehr los. Sie steht mir immer wieder neu vor Augen: »Seid ihr denn nicht viel mehr denn sie?« Es fallen mir Situationen ein, wo ich die Wahrheit dieses Verses spürbar erlebte. Ich muß ihr nachdenken.

Sorgenvoll blickte ich der Geburt unseres Kindes entgegen. Voller Bangen fragte ich mich: Woher soll ich nur die Kraft nehmen, diesem Kind zum Leben zu verhelfen? Der Arzt hatte schon Andeutungen gemacht, daß ich wohl mit Komplikationen werde rechnen müssen. Als meine schwere Stunde kam, schrie ich es geradezu hinaus: »Ich kann nicht mehr, ich kann wirklich nicht mehr.« Ich fürchtete auch um das Leben meines Kindes, dessen Herztöne immer schwächer wurden. Der Schmerz, die Angst rissen mich im gräulichen Strudel in die Tiefe, und ich war verzweifelt. Schließlich mußte das Neugeborene mit einem operativen Eingriff geholt werden.

Als ich aus der Narkose erwachte und mir ein noch so kleiner, aber gesunder Sohn in die Arme gelegt wurde, hätte ich vor Freude die ganze Welt umarmen können. Gott hatte meine Sorgen zunichte gemacht und mir mit diesem zweiten Kind ein unverdient großes Geschenk bereitet.

Ich erfuhr: Ich bin vor Gott wertgeachtet, ich darf neues Leben zur Welt bringen, und vor Dankbarkeit hätte ich wie der kleine Vogel laut jubeln können. Gott beweist sich schon in so einem Kleinen wunderbar und macht es durch ein ganzes

Leben hindurch wahr: »Seid ihr denn nicht viel mehr denn sie?«

Ja, Gott kümmert sich um uns!

Aber hat diese Zusage Jesu auch in der schwersten Bedrohung, die einem Menschen widerfahren kann, in der Bedrohung durch den Tod, Bestand? Ich wußte, mein Vater würde sterben müssen. Die Diagnose der Ärzte ließ keinen Zweifel aufkommen: Darmkrebs im fortgeschrittenen Stadium mit Metastasen in der Leber. Schrecklich und von Angst geschwängert waren die Stunden am Krankenbett. Ich meinte, es nicht mehr ertragen zu können, meinen Vater so leiden zu sehen. Ich liebte ihn, und er bedeutete mir viel. Manchmal bat mich Vater, ich möchte ihm doch sein Lieblingslied vorsingen: »Jesu geh voran.« Besonders die zweite und dritte Strophe ergriffen mich:

● Soll's uns hart ergehn,
laß uns feste stehn
und auch in den schwersten Tagen
niemals über Lasten klagen,
denn durch Trübsal hier
geht der Weg zu dir.

● Rühret eigner Schmerz
irgend unser Herz,
kümmert uns ein fremdes Leiden,
o so gib Geduld zu beiden,
richte unsern Sinn
auf das Ende hin.

In dieser wohl stärksten Herausforderung meines Lebens lernte ich, Gott zu vertrauen. Ich dankte ihm für die über 4 Jahrzehnte, in denen ich einen liebenden Vater an meiner Seite hatte. Durch die Schrecknisse des Todes sah ich Gott. Es war mir, als ob er seine Hand freundlich auf meine Schulter legte und mir zusicherte: »Ich, dein himmlischer Vater, bin dir ganz nahe. Ich tue jetzt vor deinen Augen eine große Tat. Ich werde das Leben deines Vaters vollenden und ihn in meine neue Welt hineinnehmen. Ich werde ihm die Tränen aus den Augen wischen und allem Leid, allem Schmerz, allem Geschrei ein Ende setzen. Glaube und fasse es: Ich meine es unendlich gut mit dir und deinem Vater. Nach diesem irdischen Lauf öffne ich ihm die Tür zum Himmel, und dein Vater darf das schauen, was kein Auge gesehen und kein Ohr gehört hat.«

Und noch einmal begriff ich in der letzten Tiefe und Vollkommenheit den Sinn des Wortes Jesu: »Seid ihr denn nicht viel mehr wert denn sie?«

Gott tröstet

Auf meinem Schreibtisch steht schon seit fast zwei Jahren eine Spruchkarte. Sie ist mir sehr wertvoll und bedeutet mir viel. Ich habe sie von meinem Seelsorger geschenkt bekommen, und sie erreichte mich, als ich innerlich an einem Nullpunkt angelangt war. Wahrscheinlich kennen Sie solche Zeiten auch, und sie sind besonders schwer zu ertragen, wenn uns ein Kummer völlig unvorbereitet trifft.

Das Telefon klingelte, und eine Frau rief mich an. Ihrer Stimme nach mußte sie schon etwas älter sein. In einem Redeschwall überhäufte sie mich mit schweren Vorwürfen. Als ich sie unterbrach und sie nach ihrem Namen fragte, damit wir uns mal zusammen setzten und über die häßlichen Vorwürfe reden könnten, machte es plötzlich »klick« in der Leitung, und der Hörer war aufgelegt. Fassungslos stand ich vor dem Telefon und verstand nicht, wie man nur so niederträchtig handeln könnte. Ich wollte möglichst schnell diese Verleumdung vergessen, konnte es aber doch nicht hindern, daß in stillen Stunden diese Gemeinheiten an meiner Seele nagten. Plötzlich konnte ich nachts schlecht schlafen, und der Gedanke, Feinde zu haben, trieb mich um. Wer verbarg sich nur hinter diesem gemeinen Anruf? Schließlich beherzigte ich das Psalmwort: »Schüttet vor Gott euer Herz aus, liebe Leute!« Am Telefon sprach ich mit einem Menschen meines Vertrauens und klagte mein Leid in Gottes Ohr. Wir beteten noch über den Hörer miteinander, und allmählich heilte die schmerzende Wunde. Ein paar Tage später schickte mir der Pfarrer diese wertvolle Spruchkarte, und ich war ergriffen, als ich las: »Wer Gott dient, wird nach der Anfechtung getröstet. Manches muß durchstanden werden um der Reife willen, ohne die es kein von Gott geadeltes Menschsein gibt.«

Treffend war meine Not in Worte gefaßt. Der Zuspruch Christi tat mir wohl. Ich wurde wieder froh. Später schrieb ich dann dieses ermutigende Erleben in einem meiner Bücher nieder.

Mehrere Monate waren vergangen, da erreichte mich folgender Brief: »Liebe Frau Bormuth! Viele Ihrer Bücher habe ich gelesen und dann auch weiter verschenkt. Vor acht Wochen starb eine Cousine von mir an Leukämie. Sie war erst 34 Jahre alt. In ihrer schweren Leidenszeit hat sie auch Ihr Buch gelesen: ‚... so sollt ihr meinen Bogen sehen'.

Als sie entschlafen und in Gottes Herrlichkeit eingegangen war, besuchte mich ihre leibliche Schwester und gab mir Brigittes Aufzeichnungen, die sie bei ihren Sachen gefunden hatte. Auf einem weißen Bogen las ich: Wer Gott dient, wird nach der Anfechtung getröstet. Manches muß durchstanden werden, um der inneren Reife willen, ohne die es kein von Gott geadeltes Menschsein gibt.«

Mich machten diese wenigen Zeilen froh und beschämten mich zugleich. Eine junge todkranke Frau war durch mein Buch getröstet worden.

Gott hatte mich in meiner Anfechtung brauchen können, um einen leidenden Menschen wieder aufzurichten. Ich dankte im Nachhinein meinem Herrn für die schwere innere Not, in die er mich geführt hatte. Hätte ich sonst eine Sterbende so trösten können?

Ich staunte über Gottes wunderbare Führung und begriff die Wahrheit des Wortes: »Selig ist der Mensch, der die Anfechtung erduldet; denn nachdem er bewährt ist, wird er die Krone des Lebens empfangen, welche Gott verheißen hat denen, die ihn lieben.«

So will ich in der Anfechtung nicht meinen Feind sehen, sondern die große Möglichkeit, meinen Glauben zu erproben, und will mit Zittern die Worte des Apostels nachsprechen: »Achtet es für eitle Freude, wenn ihr in mancherlei Anfechtung fallet, und wisset, daß euer Glaube, wenn er rechtschaffen ist, Geduld wirkt.«

Was das Gebet einer Mutter vermag

»Frau Bormuth, entschuldigen Sie bitte, daß ich schon so früh am Morgen anrufe, aber wir sind in großer Not. Wir wissen nicht mehr aus noch ein. Unsere Gabi will heute ihren Arbeitsplatz kündigen und mit ihrem Freund ins Ausland reisen. Ich habe versucht, Sie heute Nacht zu erreichen, aber wahrscheinlich haben Sie das Klingeln des Telefons nicht gehört. Bitte beten Sie für Gabi! Wir sind mit unserem Reden und Tun am Ende. Es fruchtet nichts mehr. Gabi ist so fasziniert von diesem Mann, der beträchtlich älter ist als sie, daß sie zu allem fähig wäre. Sie ist diesem persischen Studenten regelrecht hörig. Was er sagt, das gilt. Unsere Worte sind in den Wind gesprochen. Begreift unsere Tochter denn nicht, daß sie sich ins Unheil stürzt? Wenn Gott nicht eingreift, ist unser Kind verloren. Wir haben keinerlei rechtliche Handhabe gegen sie, da sie im vergangenen Monat achtzehn geworden ist und somit volljährig. Beten Sie für Gabi, liebe Frau Bormuth, und beten Sie auch für mich.«

Ich konnte auf den Notschrei dieser Mutter nicht viel sagen, versprach ihr aber, für ihre Tochter zu beten. So nannte ich den Namen dieses »verlorenen Kindes« oft vor Gott. Ganz gleich welche Arbeit ich auch verrichtete, immer wieder legte ich eine Ruhepause ein, kniete nieder und betete. Manchmal sprach ich auch mit Gott, während das Bügeleisen über die karierten Hemden meiner Söhne glitt oder ich das Frühstücksgeschirr spülte.

Ich litt mit dieser Familie und ahnte, wie elend dieser Mutter zumute sein mochte, die um ihr Kind bangte. Ich betete auch mit ihr übers Telefon, und es war schon ergreifend, wie ihr Rufen und ihr Schreien aus der Tiefe zu Gott drangen.

Zwei drei Woche mögen vergangen sein, da erreichte mich folgender Brief. In Auszügen gebe ich ihn wieder.

»Liebe Frau Bormuth!

Ich möchte Ihnen sehr herzlich danken, daß ich Sie in der Frühe des dritten Märztages telefonisch sprechen durfte und Sie mit mir beteten. Ich war in großer Not, und der treue Herr hat wunderbar herausgeführt. Von diesem Ausländer haben wir nie wieder etwas gehört. Gabi geht weiter zur Arbeit und hat auch nichts mehr davon erwähnt, daß sie das Elternhaus verlassen will. Die folgenden Tage war sie mir gegenüber unfreundlich und störrisch, doch inzwischen hat sie ihre Freundlichkeit wieder erlangt. Ich hatte in meiner schrecklichen Angst und Not einige Geschwister im Glauben angerufen, daß sie für unser Kind beten möchten. Ich stehe in meiner Familie allein im Glauben da und bin von daher sehr auf das Mittragen anderer Menschen angewiesen. Ich wurde noch an demselben Morgen und auch in der Zeit danach ganz ruhig und spürte die Kraft bei einem älteren Seelsorger zum Gespräch und zum gemeinsamen Gebet. Dieser hat für alle Mitbeter den Segen Gottes erbeten, auch für Sie, liebe Frau Bormuth. Wie habe ich gedankt! Unser Herr ist groß, und was er zusagt, das hält er gewiß. Allein der treue Herr weiß den Weg für unsere Gabi. Und wenn ich auch oft angefochten bin und mein Glaube ganz klein ist, so vertraue ich Gabi und meine Familie weiterhin dem Heiland an. Wer könnte sonst helfen? Ich bin auch so dankbar, daß wir im Gebet getragen werden, und möchte Ihnen nochmals herzlich danken. Ich lese zur Zeit Ihr Buch: ‚Gott baut - wir bauen mit.' Es ist mir eine Glaubensstärkung. Ich erfahre, wie der Herr mir aus der Tiefe der Drangsal heraushilft. Herzlich Grüße - Ihre Frau X.«

Mich machten diese wenigen Zeilen froh, sah ich doch darin Gottes Handeln auf unser Rufen hin. Ganz neu verstand ich, was David in Psalm 69 aussagt: »Gott hilft mir; denn das Wasser geht mir bis an die Seele … Ich habe mich müde geschrieen, mein Hals ist heiser; das Gesicht vergeht mir, daß ich solang muß harren auf meinen Gott.

Laß nicht zu Schanden werden an mir, die dein harren, Herr Herr Zebaoth! Laß nicht schamrot werden an mir, die dich suchen, Gott Israels!

Ich aber bete, Herr, zu dir zur angenehmen Zeit; Gott, durch deine große Güte erhöre mich mit deiner treuen Hilfe.

Ich aber bin elend und mir ist wehe.

Gott deine Hilfe schütze mich!

Ich will den Namen Gottes loben mit einem Lied und will ihn hoch ehren mit Dank.

Die Elenden sehen's und freuen sich; und die Gott suchen, denen wird das Herz leben.«

Wie ein Vogel, der aus dem Nest gefallen ist

Vor meinem Fenster beobachte ich zwei kleine Vögel. Sie schwirren um den Baum, sitzen zwitschernd in den Zweigen, wippen mit den Schwanzfedern, plustern sich vor Übermut auf, fliegen in schwindelnde Höhen und trällern ihr lustiges Lied in den Himmel. Wieviel Lebensfreude machen sie offenbar. Das wirkt ansteckend.

Aber in meinen Gedanken sehe ich einen anderen Vogel vor mir. Ich fand ihn auf dem Gehsteig vor unserem Haus. Die kleine Amsel war aus dem Nest gefallen. Reglos lag sie auf dem grauen, häßlichen Asphalt. Ob sie noch lebte, noch atmete? War sie nur verletzt oder schon tot? Vorsichtig hob ich sie auf und trug sie in den Garten.

Ich sann diesem bedrückenden Erleben nach, und im stillen bewegte mich die Frage: Wieviele Menschen gleichen diesem Vogel, der aus dem Nest gefallen ist. Sie kämpfen im Staub und Dreck ums Überleben, und nicht selten geben sie auf.

Ich will von Eveline berichten:

Sie hat mir ihre Lebensgeschichte aufgeschrieben und mir auch davon erzählt, als sie in unserem Haus ein Zimmer mietete. Eigentlich bewunderte ich die junge Dame. Sie war groß, schlank, schön, fuhr einen Wagen, verfügte zu Hause über eine nett eingerichtete Wohnung, hatte glänzende Examina gemacht und eine solide Berufsausbildung abgeschlossen. Und doch gähnte sie das Leben an. Es ging ihr wie Tausenden, ja wie Millionen. Die Wirtschaftsflaute hatte auch sie ergriffen, und Eveline wurde arbeitslos. Ihre Tage waren öde und leer, und die Langeweile begleitete sie auf Schritt und Tritt. Hinzu kam, daß eine jahrelange Freundschaft in die Brüche ging und sie diese abgerissene, zerstörte Beziehung nicht verkraften konnte. Mit einem Schlag waren alle ihre Hoffnungen zerstört, und sie hielt die Scherben des jäh zerbrochenen Glücks in den Händen. Innerlich war sie tief verletzt, und sie fand nirgendwo einen Menschen, der sie in ihrem Weh trösten konnte.

Enttäuschung – Verbitterung

Sie kam sich in ihrer Lebensführung wie die kleine Amsel vor, die reglos am Boden lag. Sie fühlte sich herausgestoßen aus dem warmen Nest einer sicheren Existenzgrundlage, herausgestoßen aus einer innigen Liebesbeziehung, die doch alle Zeiten überdauern sollte. In ihrer Enttäuschung und Verbitterung griff sie zur Flasche und merkte zu spät, wie sie in die Fänge des Alkohols geriet.

Zu ihren Wunden, die ihr andere geschlagen hatten, kam nun noch die eigene Schuld. In stillen Stunden verachtete sie sich selbst und wollte sich zerstören. Was war nur aus ihr geworden?

Verzweiflung war riesengroß!

Schließlich wurde die Verzweiflung so groß, daß sie keinen Ausweg mehr sah. Sie ging in eine Apotheke und kaufte sich Schlaftabletten. Mit dem Auto fuhr sie draußen vor die Stadt. Es war eisig kalt, und es wehte ein heftiger Wind. Irgendwo in der Einsamkeit griff sie mit zitternden Händen nach den tödlichen Medikamenten. Das bittere Gift schmeckte sie nicht. Der Wein war widerlich süß und klebte am Gaumen. Die Kälte kroch ihr den Rücken herauf. Ihre Glieder waren wie gelähmt. In ihrer Angst stieß sie die Autotür auf und fiel in den Schnee. Sie versuchte aufzustehen, wollte ihr Leben retten, aber die Beine versagten ihr den Dienst, und so blieb sie liegen. Ihr Schrei: »Jesus hilf mir«, verhallte im Wind. Bald würden sie die herabfallenden Schneeflocken wie unter einem Leichentuch begraben und dann war alles vorbei, vorbei, vorbei …

Gerettet und befreit!

Eveline blieb am Leben. Von Wärmflaschen und Federbetten umgeben wachte sie in einem Krankenhaus wieder auf. Zwei Männer, die in der Nähe Bäume fällten, retteten ihr Leben. Nach ihrer Entlassung erkannten junge Christen, daß Eveline dringend Hilfe brauchte. Sie versorgten die Lebensmüde mit guter Literatur, die ihr die richtige Perspektive vermittelte. Eveline besuchte auch die Gottesdienste und nahm das Wort der Bibel auf wie ein trockener Schwamm das Wasser. Ihre tiefen Sehnsüchte fanden bei Jesus, ihrem guten Hirten, Erfüllung, wie es Psalm 23 sagt. Er war es, der sein wachsames Auge auf sie gerichtet hielt, sie führte und bewahrte. Durch das Wort der Bibel sprach Gott sie persönlich an: »Fürchte dich nicht, denn ich habe dich erlöst; ich habe dich bei deinem Namen gerufen; du bist mein. Denn so du durch das Wasser gehst, will ich bei dir sein, daß die Ströme dich nicht sollen ersäufen; und so du ins Feuer gehst, sollst du nicht brennen, und die Flamme soll dich nicht versengen. Denn ich bin der Herr, dein Gott, dein Heiland. Weil du so wert geachtet bist vor meinen Augen, mußt du auch herrlich sein, und ich habe dich lieb. So fürchte dich nun nicht!«

Geborgen und gehalten!

Die Liebe des himmlischen Vaters riß sie aus ihrer Verzweiflung. Unter dem Zuspruch des Allmächtigen war sie geborgen wie in einem warmen Nest. Allen Anfechtungen zum Trotz ruht sie in der Gewißheit: mein Schöpfer, der mich wunderbar geschaffen hat, weiß mich auch zu erhalten. Er wird für mich sorgen, mich in meinen Ängsten verstehen und trösten. Ganz bewußt übergab sie ihr Leben an Christus und fand neuen Lebensmut. Im Gebet gewann sie Kraft, sich von allen verderbenden Mächten loszusagen. Sie wurde befreit aus der Abhängigkeit des Alkohols und darf nun froh Christus ihrem Herrn und Heiland nachfolgen.

Namenlos

Gequält kommt es über die Lippen: »Keiner mag mich, keiner will mich, keiner liebt mich. Wär ich doch nur nicht geboren.« In sich zusammengesunken und bedrückt sitzt Dorothea vor mir. Ihre Augen sind glanzlos und starren ins Leere. Die Hände sind verkrampft; ab und zu zupfen sie nervös an der Spitzenborte der Tischdecke. »Warum bin ich noch auf dieser Welt, die mich anekelt, wohin ich auch blicke. Ich weiß gar nicht mehr, wann ich mich das letzte Mal gefreut habe. Die Depressionen sind zu meinen ständigen Begleitern geworden. Ich kann sie nicht mehr abschütteln. Mir ist elend zumute, und ich bin verzweifelt.« - »Erzählen Sie nur weiter, Dorothea«, ermutige ich die junge Dame, ich höre Ihnen ganz zu.«

»Sie müssen wissen, Frau Bormuth, schon meine Geburt stand unter keinem guten Stern. Meine Eltern haben mich nie recht angenommen. Zuerst erblickte meine Schwester das Licht der Welt, aber schon 1/4 Jahr später wurde meine Mutter wieder schwanger. Das paßte ihr überhaupt nicht, und schließlich verfiel sie in Jammern und Klagen, wie ihr nur solch Malheur passieren konnte. Sie war gerade 19 geworden, wollte auch das Leben genießen und ihren Vergnügungen nachgehen, und nun war ihr wieder ein Strich durch die Rechnung gemacht worden. Nur die Hoffnung auf einen Stammhalter söhnte sie ein wenig aus, und so begann sie, Jäckchen und Mützchen in blau zu stricken. Jens-Peter sollte der Sohn heißen, und als ihre schwere Stunde näher rückte, wurde die Wiege mit blauer Seide ausgeschlagen. Und dann kam ich unglücklicherweise auf die Welt - ein Mädchen. Die Bestürzung war groß. Keiner hatte mit mir gerechnet.

Als es darum ging, mir einen Namen zu geben, verfiel meine Mutter ins Fluchen: ‚Diesem Balg gebe ich keinen Namen. Ich bin enttäuscht. Da mag ein anderer einen Namen aussuchen, über meine Lippen kommt keiner'. Die Hebamme hielt mich auf Händen, war entsetzt über das Verhalten meiner Mutter und stammelte vor sich hin: ‚Schon wieder so ein ungewolltes, unerbetenes Kind! Komm, kleiner Wurm, ich werde dir einen Namen geben, einen schönen, verheißungsvollen, bedeutsamen Namen. Beate Dorothea sollst du heißen, du Gottesgeschenk, du Glückliche!'

So bin ich zu meinem Namen gekommen. Eine Tante hat mir später diese Geschichte meiner Geburt erzählt. Ich empfand die Nichtannahme durch meine Mutter als Demütigung, als Tragik. Ein tiefer Schatten fiel auf mein Leben, und die Auswirkungen verspüre ich bis heute in meinem Innersten. Mein Name klingt mir wie Hohn in meinen Ohren. Miriam müßte ich heißen, was im Hebräischen soviel bedeutet wie, die Bittere, die Betrübte, damit würde man meinem Schicksal eher gerecht. Ja, Miriam möchte ich genannt werden und nicht Beate Dorothea.«

Ich höre still zu und begreife, wie diese frühkindlichen Erlebnisse die junge Frau aus der Bahn geworfen haben. Aller Lebensmut und alle Erwartungen sind in ihr zerstört. Die Sinnlosigkeit ihres Daseins gähnt sie von allen Seiten an. Es ist erschütternd, wie menschliche Schuld ein junges Glück verderben kann, so daß nur noch Resignation und Verbitterung zurückbleiben.

Und doch darf ich Hoffnung haben, weil ich mein Vertrauen auf Gott setze und von ihm ein Durchbruch geschehen kann. Er hat Dorothea geschaffen, er hat sie ins Leben gerufen, er hat sie gewollt und sie geliebt. Wunderbar ist sie bereitet. Sein göttliches Ja steht über ihrem Eintritt in diese Welt. Ehe sie geboren wurde, hat er sie schon geliebt. Er hat sie bei ihrem Namen gerufen, auch wenn die leibliche Mutter ihr den Namen verweigert hat, und hat sie gesegnet. Sie darf in Gottes Augen die Glückliche sein, ein herrliches Geschenk. Menschlicher Name ist letztlich Schall und Rauch, wichtig ist allein, daß ihr Name bei Gott bekannt und in seinem Lebensbuch eingetragen ist.

Während ich in Gedanken versunken diesem schweren Lebensschicksal nachsinne, steht mir Jesus vor meinem Innersten. Er hing dort am Kreuz auf Golgatha und hat in der größten Anfechtung sein Leid hinausgeschrien: »Mein Gott, mein Gott, warum hast du mich verlassen.« Er erduldete die Qual, erlitt Hohn und Spott, ließ sich geißeln und martern, nur damit kein Mensch mehr einsam und ungeliebt zu sein brauchte. Wer menschliche Liebe entbehren mußte, der schaue auf das rauhe Holz, das auf der Schädelstätte zum Himmel aufragt, an dem Gott seinen Sohn für uns opferte. In seinen Nägelmalen ist auch mein Name und der Name Beate Dorothea eingegraben für immer und ewig. Wer sich diese Liebe des Gekreuzigten gefallen läßt, wird ins Lebensbuch eingetragen, und keine Macht der Welt kann je diesen Namen auslöschen. Menschen können mich vergessen, ja noch nicht einmal einen Namen für mich haben, sie können meinen Namen durch den Dreck ziehen, ihn verunglimpfen, ihn durch eine Nummer ersetzen – und wie viele sind bis in unsere Tage hinein namenlos geworden –, aber wenn ich bei Christus angeschrieben bin, dann werde ich an der höchsten Stelle, bei Gott, angenommen.

Und wenn der schlimmste Feind des Menschen, der Teufel, antritt, und mich bei Gott verklagt – und er hat mit all seinen Anschuldigungen recht, so daß mir angst und bange werden könnte –, dann tritt Jesus vor Gott hin, zeigt ihm seine durchbohrten Nägelmale, in die mein Name und der Name aller Gotteskinder tief eingeritzt ist, und noch einmal wird Gott laut und vernehmlich meinen Namen rufen und zu mir sagen: »Gehe ein zu deines Herrn Freude.« Der Teufel aber wird mit grimmigem Zorn unverrichteter Dinge abziehen. Sein Anspruch an mich ist zunichte geworden, weil ich in Gottes neuer Welt leben darf. Beate Dorothea, das wird dann mein und dein schönstes Geschenk sein, du Glückliche! Darauf freue ich mich mit dir.

Konflikte bewältigen

Frau Dahms (der Name wurde geändert) kenne ich schon seit einer Reihe von Jahren. Wir treffen uns beim sonntäglichen Kirchgang und manchmal auch beim Einkaufen in der Stadt. Ein herzliches Grüßen verbindet uns miteinander, aber sonst unterhalte ich keine näheren Beziehungen zu ihr. So bin ich doch ein wenig überrascht, als sie vor meiner Tür steht. »Kann ich sie sprechen? Hätten Sie ein bißchen Zeit für mich?«, klingt es ein wenig zaghaft aus ihrem Mund, und ihren Worten ist die innere Erschütterung anzumerken. Ihre Stimme ist leise und stockend, und ich habe Mühe sie zu verstehen. Ich bitte Frau Dahms ins Wohnzimmer.

»Frau Bormuth, bei uns war heute morgen die Hölle los. Dabei sollte es doch ein erholsamer Feiertag werden. Ich halte es zu Hause nicht mehr aus. Was soll ich nur machen? Wir haben uns beim Frühstück schrecklich gestritten, und ich schäme mich, wenn ich Ihnen den Anlaß unseres Zankens nenne. Es war nur eine ganze Kleinigkeit. Ich verstehe gar nicht, wie es zu einem solchen Zerwürfnis kommen konnte. Sie müssen wissen, meine Mutter lebt bei uns in der Familie. Sie ist jetzt 83 Jahre alt, und ihretwegen kommt es immer mal zu Plänkeleien. Eigentlich meint sie es gut mit uns, und sie hat mir schon manchen 50 Markschein zugesteckt, aber sie hat eine beherrschende Art und will das Regiment führen. Sie hat früh ihren Mann verloren und mußte sich mit einer großen Kinderschar durchkämpfen. Jetzt im Alter kann sie ihren Befehlston nicht mehr ablegen. Unsere Tochter nimmt ihre Schimpfereien nicht so ernst, aber mein Mann kann ihre Nörgeleien und das Herumkommandieren nicht ertragen. Als ihm heute morgen die Kaffeetasse umkippte und sich das häßliche Braun über die gestickte Leinendecke ergoß, konnte meine Mutter die ironisch-bissige Bemerkung nicht unterdrücken: ‚Na, Wilhelm, mit deinen 55 Jahren scheinst du schon reif fürs Altersheim zu sein. Bist du denn schon so tatterig mit deinen Händen?'

Mein Mann explodierte – er versteht sich sowieso nicht mit Mutter – und schrie sie an. ‚Was geht dich das an, wenn ich bei

Tisch kleckere? Ich kann kleckern, so viel ich will, und wenn ich die Kanne umschmeiße, sollte dir das ganz egal sein. Wer hat hier eigentlich das Sagen, Du oder ich?'

Und mit diesen Worten stand er wütend auf und wollte ins Nebenzimmer gehen. Ich trat ihm entgegen, wollte schlichten und meinen Mann beruhigen, er aber stieß mich zur Seite, und voller Selbstmitleid klang mir sein Jammern in den Ohren: ‚Warum habe ich nur ein zweites Mal geheiratet, als mir Elsa so plötzlich wegstarb. Sie hat mich verstanden, sie habe ich geliebt, aber du und deine Mutter verderben mir den Tag. Du steckst doch mit ihr unter einer Decke', und mit diesen Worten war er im Wohnzimmer verschwunden.

Ich war verletzt, zutiefst verletzt. Wie konnte er sich in seinem Zorn so vergessen und mich demütigen! Später bat Mutter meinen Mann um Entschuldigung, er aber schlug die Hand aus, die ihm zur Versöhnung gereicht wurde. So böse habe sie es nicht gemeint, stammelte sie verlegen. Er aber blieb in seinem Schmollwinkel sitzen.

An diesem Morgen lagen das Losungsbuch und die Bibel unaufgeschlagen auf dem Fensterbrett. Für die tägliche Andacht fehlte uns die Voraussetzung, und dabei sind wir Christen. Verstehen Sie, wie elend mir zumute ist? Ich schäme mich auch vor unserer Tochter. Wir sind ihr kein gutes Vorbild. Gewiß, meine Mutter ist schwierig. Es geht ihr körperlich noch recht gut, und so meint sie, überall mittun zu können. Sie funkt auch in unsere Ehe dazwischen und behandelt meinen Mann wie einen dummen Jungen. Ich habe ihr das schon einige Male gesagt. Aber ändern kann ich sie nicht. Meine Mutter war schon von jeher bestimmend und hatte das Sagen. Ich habe mich daran gewöhnt, lebte ich doch viele Jahre in einem Haushalt mit ihr zusammen. Als ich vor vier Jahren heiratete, zog sie mit unter unser Dach. Ich hätte Mutter unmöglich allein lassen können. Was soll ich nur machen? Der Streit macht uns doch alle kaputt.«

Es war gut, daß ich lange schwieg und erst mal Frau Dahms ins Unreine reden ließ. So konnte sie ihrem angestauten Ärger Luft machen. Ich begriff, wie notvoll das Miteinander in dieser Familie sein mußte. Im Grunde hatte ihr Mann nicht nur sie geheiratet, sondern auch noch ihre Mutter, und das machte das Miteinanderleben schwer. Wie sollte ich da raten? Gewiß, die alte Dame mit ihren 83 Jahren war sicher nicht mehr in ihrer Haltung zu verändern. Wenn sie so viele Jahre mit der Tochter zusammen einen Haushalt teilte und sie in ihr immer noch das Kind sah, war diese Sicht der Dinge nicht so schnell richtig zu stellen. Ihre herrschsüchtige Art übertrug sich auch auf den Schwiegersohn. Eine räumliche Trennung kam nicht in Frage. Das Sprichwort hat schon seine Berechtigung: »Einen alten Baum verpflanzt man nicht.«

So setzte ich bei Frau Dahms selbst an. Sie, so schien es mir, war noch am ehesten flexibel und auch von ihrem Glauben her am stabilsten. Zunächst machte ich ihr Mut, für ihren Mann Verständnis aufzubringen. Er war sehr leicht verletzbar, und das mußte seine tieferen Gründe haben. So fragte ich nach seiner Kindheit. Wenn ein Mensch so überaus empfindsam und nachttragend ist, muß sein Selbstwertgefühl angeschlagen sein.

Meine Vermutung bestätigte sich, als mir Frau Dahms erklärte: »Mein Mann hat ein trostloses und armseliges Zuhause gehabt. Ganz früh verstarb seine Mutter, und der Vater, von Natur aus ein Eigenbrödler, vermochte nicht, sich der Kinder recht anzunehmen. Auch die finanziellen Verhältnisse bewegten sich am Rande des Ruins, und so konnte mein Mann keine rechte Berufsausbildung erhalten. Er wurde Arbeiter, und ein Leben lang hat er darunter gelitten. Ihm fehlt eine gewisse Großzügigkeit, und die Herrschsucht meiner Mutter trägt sicher nicht zu seinem Wohlbefinden bei. Was soll ich nur tun?«

»Frau Dahms, Sie sollten viel Hoffnung für Ihren Mann haben und nie resignieren. Versuchen Sie in kleinen Schritten, Ihrem Mann zu zeigen, daß er Ihnen viel bedeutet und sie ihn liebhaben. Haben Sie Mut und sagen Sie ihm, daß sie ihn annehmen gerade so, wie er ist. Er ist der Mensch, den Gott Ihnen gegeben hat, und der Herr hat gewußt, warum er gerade Sie beide zusammenstellt. Ihre Ehe darf zum Erprobungsfeld für Ihren Glauben werden, und Sie beide dürfen und sollen Gott erfahren. Und wenn sich Schwierigkeiten häufen und ihr Miteinander vom Versagen begleitet ist, dann stehen Sie immer einmal mehr auf als Sie gefallen sind. Nur nicht zerknirscht am Boden liegenbleiben.

Gewiß wird das nicht immer leicht für Sie sein. Sie stehen zwischen Ihrem Mann und ihrer Mutter und lieben beide. Beide verlangen auch ihr Recht, und auch das Elterngebot: ‚Du sollst Vater und Mutter ehren', gilt es zu beachten. Aber, da ich weiß, daß Sie Jesus liebhaben und in seiner Nachfolge stehen, wird er Ihnen in ihrem Alltag beistehen und Sie mit Geduld, Liebe und taktvollem Einfühlungsvermögen erfüllen. Gott wird Ihnen Gelingen schenken. Nehmen Sie Ihren Mann ganz an, investieren Sie viel in Ihre Ehe. Gehen Sie auf ihn zu und suchen Sie immer wieder das Gespräch. Heute allerdings sollten Sie ihn erstmal in Ruhe lassen, damit er zur Besinnung kommt und merkt, daß seine übertriebene Verletzlichkeit eines Christen unwürdig ist. Aber am Abend reden Sie noch mal miteinander. Es ist gut, wenn die Sonne nicht über unserm Zorn untergeht. Dieses neutestamentliche Wort habe ich in meiner Ehe oft erprobt und bin gut damit gefahren. Stehen Sie ganz zu Ihrem Mann und seien Sie selbst nicht nachtragend. Was Ihr Mann Ihnen im Ärger von seiner ersten Frau sagte, dürfen Sie nicht so ernstnehmen. Der Zorn des Menschen tut nicht, was vor Gott recht ist. Ich denke, Ihr Mann wird das bald einsehen und sich dann bei Ihnen für sein schuldhaftes Verhalten entschuldigen.

Sie müssen das ausgleichende Element in Ihrer Familie darstellen, und wenn die verschiedenartigen Temperamente Ihrer Mutter und Ihres Mannes aufeinanderprallen, sollten Sie zur Beruhigung beitragen. Ich weiß, das wird für Sie nicht leicht sein, und manche Träne der Hilflosigkeit wird aus ihren Augen quellen. Aber auch das ist Gottesdienst, wenn Sie in Ihrer Familie auf Versöhnung ausgerichtet sind. Gott wird immer auf Ihrer Seite stehen, wenn Sie in seinem Sinne handeln. Das schließt nicht aus, daß Sie durch manche Tiefen gehen werden und Ihr Verhalten bei Menschen nicht immer Anklang findet. Gott ist Ihr Fürsprecher. Er steht für Sie ein. Ihre liebevolle Art wird den Sieg davontragen. Geben Sie nur nicht auf.

Das ist Ihre Lebensprüfung, und ich will Sie auf diesem Weg betend begleiten. Sie dürfen mich jederzeit anläuten, und dann können wir übers Telefon Gott gemeinsam anrufen. Ich danke Ihnen aber auch für das Vertrauen, das Sie mir entgegenbringen. Wir sind als Christen berufen, Frieden zu stiften und Frieden zu halten. Das geht nicht immer ohne eigene Demütigung ab. Manchmal muß man den untersten Weg gehen, aber dieser Weg ist verheißungsvoll. Sie sollen auch wissen, daß Jesus die Friedensstifter seligpreist. Sehen Sie ihr häusliches Zusammenleben unter diesem Aspekt. Für ein solch hohes Ziel lohnt sich ein ganzer Einsatz.«

Krebs - eine schreckliche Geißel

Unter dem Stapel von Briefen, die morgens durch den Türschlitz fallen, ist auch einer von einer mir völlig fremden Frau. Hastig öffne ich ihn. Ein großer weißer Bogen flattert mir entgegen. Er ist nur wenig beschrieben. Am unteren Rand klebt eine Briefmarke - ein Zeichen, daß der Absender Antwort erwartet. Darin heißt es:

»Liebe Frau Bormuth! Habe von Ihnen schon einige Bücher gelesen und bin nun auf der Suche nach einer seelsorgerlichen Aussprache. - Haben Sie, liebe Frau Bormuth, vielleicht hier in der Nähe um Stuttgart, Schwäbisch Gmünd, Schorndorf oder Backnang nicht eine Glaubensschwester für mich? Oder darf ich Ihnen schreiben? Ich würde Ihnen von Herzen dankbar sein. Liebe Grüße wünscht Ihnen Frau Falkner (der Name wurde geändert).«

Wer mag sich hinter diesen Zeilen verstecken? Wer ist Frau Falkner? Wie kann ich ihr helfen? Acht Tage lasse ich das Kuvert auf dem Schreibtisch liegen. Als ich mich dann aber auf eine Reise in den süddeutschen Raum begebe, stecke ich den Brief ein. Zuerst muß ich herausfinden, wo dieser kleine Ort liegt, der auf dem Absender angegeben ist. An meinem Ziel im Freizeitheim angekommen, telefoniere ich mit Frau Falkner. Sie folgt gerne meiner Bitte und nimmt die halbe Autostunde in Kauf. Wir vereinbaren einen Termin. Betend blicke ich dieser Begegnung entgegen. In einem Pfarrhaus sitzen wir uns gegenüber. Etwas stockend kommen die Worte über ihre Lippen, und Frau Falkner entschuldigt sich, daß ihr das Reden nicht leicht falle. Seit ihren Kindheitstagen habe sie eine schwere Zunge, und manchmal verfalle sie in ein heftiges Stottern.

»Frau Bormuth, ich habe ein Buch von Ihnen gelesen, und sie schreiben von Menschen, die nach langem Suchen und nach manchen Irrwegen zu Christus gefunden haben. Seitdem werde ich die Frage nicht mehr los: Wie kann ich mein Leben Christus übergeben? Habe ich überhaupt noch eine Chance, mit Gott ins Reine zu kommen? Kann mir Gott vergeben, daß ich den größten Teil meines Lebens ohne ihn zugebracht habe? Er war mir gleichgültig, ich habe mich nie um ihn gekümmert. Ich habe auch manches Unrecht auf dem Gewissen, und ich weiß um großes Verschulden.

Als junges Mädchen ließ ich mir mal die Karten lesen. Auf einem Jahrmarkt hat mir eine Wahrsagerin die Zukunft gedeutet. Heute weiß ich, daß ich mich in den Bereich okulter Mächte begeben habe und so vor Gott schuldig wurde. Wird mir Gott dies verzeihen? Ich möchte unter allen Umständen zu Gott kommen. Sie müssen wissen, ich habe nicht viel Zeit zu verlieren. Gerade der heutige Tag ist mir besonders schwer, und ich habe schon viel geweint. Heute morgen war ich beim Frauenarzt. Die Vorsorgeuntersuchung war fällig, dabei stellte er einen großen Knoten in der Brust fest. Ich ahne, was das für mich bedeuten kann: Krebs! Der Arzt hat mich schon im Krankenhaus angemeldet. Morgen werde ich dorthin gehen. Mir schwant nichts Gutes. Um eine Operation werde ich nicht herumkommen.«

Mit wachen Sinnen achte ich auf jedes Wort von Frau Falkner. Hier sitzt ein Mensch vor mir – vielleicht ein wenig älter als ich –, der von einem starken Sehnen nach Gott erfüllt wird. Ich stütze mich auf die Zusage der Bibel: »Dem Aufrichtigen läßt es der Herr gelingen«. Es ist das Wirken des Heiligen Geistes, wenn ein Mensch inne hält in seinem Schaffen, sein Leben vor Gott offenbart und sich fragt: Was muß ich tun, daß ich gerettet werde? Das ist die entscheidendste Frage für einen Menschen.

Ich erkläre Frau Falkner im einzelnen, wie sie sich Christus anvertrauen kann. In einem langen Beichtgespräch bringt sie all das vor Gott, was in seinen Augen nicht recht ist. Dann spreche ich ihr ein Absagegebet vor, damit sie von allen Bindungen an okulte Mächte frei wird. Langsam wiederholt sie Satz für Satz:

»Herr Jesus Christus, wir sind jetzt um dein Kreuz versammelt. Wir stellen uns unter die Deckung und die bewahrende Macht deines Blutes. Wir bekennen vor deinem heiligen Angesicht:

Ich sage mich los von der Gewalt des Teufels.

Ich sage mich los von aller dämonischen Macht.

Ich will nichts mehr damit zu tun haben.

Ich übergebe dir, Herr Jesus, mein Leben zum Eigentum.
Vergib mir alle Sünden in Gedanken, Worten und Werken.
Reinige mich durch und durch.
Herr, nimm neu in mir Wohnung.
Laß mich wachsen in der Gnade und in der Heiligung.
Durchströme auch meinen Leib mit deiner Kraft.
Ich danke dir für deine Liebe und Erlösung.
Im Glauben und Gehorsam will ich dir folgen bis an mein letztes Ende, Amen.«

Es ist schon ein bewegender Augenblick, als wir uns von den Knien erheben und ich zu Frau Falkner sage:

»Frau Falkner, nun dürfen Sie es wissen, Sie sind ein Gotteskind. Das teure Blut Jesu Christi hat Sie von aller Sünde befreit. Sie sind bei Gott angenommen und mit ihm versöhnt. Er will jetzt Ihr himmlischer Vater sein. Um diese Wahrheit noch zu unterstreichen, lese ich Ihnen einen Vers aus Johannes 3,16 vor: »Also hat Gott die Welt geliebt, daß er seinen eingeborenen Sohn gab, auf daß alle, die an ihn glauben, nicht verloren werden, sondern das ewige Leben haben.«

Frau Falkner schaut mich dankbar an. Sie läßt diese wunderbare Heilstatsache tief in ihr Herz fallen. Ihre Augen strahlen etwas vom Glanz Gottes wider. Dann falten wir noch einmal die Hände und beten, daß Christus ihr in ihrer schweren Erkrankung beistehen möge. Er kann völlige Heilung schenken.

Als ich meine Gesprächspartnerin noch zum Abendvortrag einlade, bleibt sie gerne da.

Die Eingangsworte, die der Pfarrer als Spruch für die neue Woche liest, höre ich mit den Ohren dieser schwererkrankten Frau: »Heile du mich, Herr, so werde ich heil. Hilf du mir, so ist mir geholfen.«

Spät am Abend verabschieden wir uns. »Nehmen Sie diesen Wochenspruch wie einen festen Stock in Ihre Hand. Ihr himmlischer Vater spricht Ihnen diese Verheißung ganz persönlich zu. Darauf dürfen Sie sich stützen in den Tagen, die vor Ihnen liegen. Der Herr hält, was er verspricht. Seine heilende Macht werden Sie jetzt erfahren.«

Mit einem festen Händedruck sagen wir uns: Ade! und scheiden von einander. Im Gebet bleiben wir verbunden.

Ein paar Tage später rufe ich bei Frau Falkner an. Ihr Mann meldet sich. Er erzählt mir, daß seine Frau schon im Krankenhaus sei und operiert wurde. Also war es doch ein bösartiger Knoten, muß ich denken. Sogleich setze ich mich hin und schreibe ihr einen Brief. Diese Zeilen sollen sie trösten. Mit einem Buch aus eigener Feder schicke ich den Brief an die krebskranke Frau. Ich will es ihr zusichern, daß Gott gerade in der Krankheit seine heilende Macht zur Auswirkung bringt. Er hat die Kraft, sie völlig gesund zu machen.

Später als es Frau Falkner besser geht, erreicht mich manch dankbarer Gruß. Ab und zu telefonieren wir auch miteinander. Das letzte, was sie mir sagte, war ein Vers aus dem Alten Testament. Sie hatte sich mit der Geschichte des Königs Hiskia befaßt. Er war schon ein Todeskandidat, aber im Gebet bringt Hiskia all seine Not vor Gott. Er schüttet seinen Jammer und seinen Gram vor dem Herzen Gottes aus. Und dann geschieht das Wunderbare. Gott erhört das Schreien dieses todkranken Königs und läßt ihm sagen: »Hiskia, ich habe dein Gebet gehört und deine Tränen gesehen. Siehe, ich will dich gesund machen.«

»Frau Bormuth, an dieses Wort will ich mich auch halten. Gott hat auch meine Gebete gehört und meine Tränen gesehen. In der Bibel heißt es sogar an einer Stelle, daß er die Tränen seiner Kinder zählt. Ich stütze mich auf diese Verheißung. Der Herr wird mich heilen. Ich danke Ihnen, liebe Frau Bormuth, wenn Sie mich in Ihre Fürbitte mit einschließen.«

Das ist Glaubensmut, das ist Vertrauen, das Gott nicht enttäuschen wird. Er hat uns in seinem Wort selber zugerufen: »Werfet euer Vertrauen nicht weg, welches eine große Belohnung hat.«

Ein schwieriger Brautvater

Ein baumlanger Hüne stand vor mir, an seiner Seite hielt er eine nette junge Dame am Händchen. Bildschön war sie.

»Könnten wir beide Sie mal sprechen?« fragte er mich.

Ich hatte auf einem Ehe- und Verlobtenseminar Vorträge zu halten und hatte auch auf die Möglichkeit der seelsorgerlichen Beratung hingewiesen.

»Pawlak ist mein Name, Jürgen Pawlak (der Name wurde geändert), und dies ist meine Braut, Käthi. Wir haben eine Menge Probleme, und Sie müßten sich schon viel Zeit für uns nehmen. Aber bevor wir mit der Aussprache beginnen, wollen wir erst einmal beten.«

So falteten wir die Hände, und es überraschte mich schon ein wenig, daß der junge Mann mir den Ablauf des Gesprächs vordiktierte. »Frau Bormuth, Sie müssen wissen, ich bin ein waschechter Bayer, rauh aber herzlich. Ich bin es gewohnt, kein Blatt vor den Mund zu nehmen. Mein Ton und Umgang sind ein bißchen grobschlächtig, aber ich meine es ehrlich, ehrlich mit Käthi und ehrlich mit anderen Menschen.«

Die Worte des jungen Mannes ließen mich schmunzeln. Er wurde mir zunehmend sympathischer.

»Ich bin Polizist von Beruf. Als Sport betreibe ich Karate; aber Sie brauchen keine Angst vor mir zu haben. Käthi kenne ich nun schon über eineinhalb Jahre. Im Frühjahr möchten wir gerne heiraten. Alles ginge reibungslos vonstatten, wäre uns nicht mein Schwiegervater im Wege. Er wirft uns große Knüppel zwischen die Beine. Er will sich einfach nicht von seiner Tochter lösen. Käthi ist sein ein und alles. Er braucht sie im Geschäft und im Büro. Ohne Käthi läuft bei ihm nichts. Meine Verlobte ist überaus tüchtig und versteht's ausgezeichnet, mit den Kunden umzugehen. Aber das ist noch lange kein Grund, uns die Heirat zu verweigern.

Mein Schwiegervater redet nicht mit mir, wenn ich mit ihm über unsere Zukunft ins Gespräch kommen will, dann dreht er sich stehenden Fußes um und wendet sich seiner Arbeit zu. Ich komme mir dann vor wie ein dummer Junge und weiß nicht, wie das alles weitergehen soll. Seit einem Monat habe ich einen neuen Arbeitsplatz, ich bin versetzt worden. Bei der Wohnungssuche habe ich unsere Heirat mitberücksichtigt und die Wohnung gleich groß genug gewählt. Wir möchten gerne im Mai heiraten.

Aber wie bringe ich das nur meinem Schwiegervater bei? Er hört mich überhaupt nicht an. Für ihn bin ich Luft. Wenn er aber von anderen Leuten erfährt, was wir vorhaben, gibt's einen Mordskrach. Und er wird es bestimmt erfahren, in einem so kleinen Ort spricht sich doch alles rum. Außerdem muß ich beim Standesamt das Aufgebot bestellen. Was soll ich bloß tun? Wir können uns gar nicht auf unseren großen Tag freuen.«

Ich überlegte lange und bewegte die Not dieser jungen Christen vor Gott. Sie liebten sich herzlich, wußten sich von Christus füreinander bestimmt, und es war verständlich, daß sie gerne heiraten wollten. Ihr Schwiegervater aber stellte sich ihnen in den Weg, weil er seine einzige Tochter nicht diesem »Hergelaufenen«, wie er es ausdrückte, geben wollte.

Nach einer Weile des Nachdenkens kam mir eine Idee.

»Wie wär's, Herr Pawlak, wenn Sie Ihrem Schwiegervater schreiben würden. Legen Sie ihm Ihr Vorhaben in einem Brief dar.«

»O ja, das werde ich tun.« Mein Vorschlag wurde begeistert aufgenommen. »Komm Käthi, wir schreiben gleich jetzt!«

»Bitte lassen Sie mich den Brief vorher lesen, ehe Sie ihn abschicken«, rief ich den beiden nach, die schon auf dem Weg in ihr Zimmer waren.

Zwei Stunden später erschien Herr Pawlak mit seiner Verlobten wieder bei mir. In der Hand hielt er einen großen, weißen Bogen.

Ich las:

»Sehr geehrter Herr Borowski (der Name wurde geändert)!

Da wir beide so sture Köpfe sind und immer gleich aneinander geraten, wenn wir miteinander reden wollen, habe ich mich entschlossen, Ihnen zu schreiben. Ich liebe Käthi und möchte sie demnächst heiraten. Am 9. Mai soll die Hochzeit stattfinden. Ab 1. Februar habe ich eine Wohnungs angemietet, in der ich bis jetzt allein wohne. Wir wollen bis zum Frühjahr alles einrichten. Gespart habe ich genug, Sie brauchen sich um Käthi keine Sorgen machen. Ich kann sie gut ernähren. Bleiben Sie nicht weiter so starrköpfig. Ich lade Sie zur Hochzeit ein. Ihre Frau natürlich auch. Ihre Tochter wird es bei mir gut haben, bestimmt so gut wie bei Ihnen. Ich habe sie nämlich sehr lieb.

Mit freundlichen Grüßen

Ihr Jürgen Pawlak.«

»So können Sie den Brief nicht fortschicken, Herr Pawlak, das gäbe nur neuen Zündstoff. Geben Sie mir den Brief, ich werde ihn umschreiben und ihn an einigen Stellen entschärfen. Dann können Sie ihn Ihrem Schwiegervater aushändigen.«

So setzte ich mich hin, gab mir viel Mühe, korrigierte und verfaßte schließlich einen neuen Brief. Ich überlegte lange und suchte nach passenden Worten, um den schwierigen Brautvater freundlich zu stimmen. Ich wollte in ihm Einsicht wecken, daß er doch der Liebe dieser beiden Menschen nichts Hinderliches in den Weg stellen möchte.

Bevor wir aber dieses Gespräch beendeten und auseinander gingen, beugten wir unsere Knie vor Gott und legten ihm diesen Brief hin. Er sollte alles zum Guten wenden.

Einige Wochen vergingen. Immer wieder wurde ich an diese beiden wertvollen Menschen erinnert. Wie mag es Ihnen wohl gehen? Wie hat der Schwiegervater auf den Brief reagiert?

Einige Wochen später erhielt ich Antwort.

»Hallo Frau Bormuth! Kennen Sie uns noch?

Wir sind Käthi und Jürgen und waren heuer auf dem Eheseminar, in dem Sie Vorträge hielten. Wir hatten mit Ihnen das Gespräch bezüglich des schwierigen Brautvaters, der uns nicht das Einverständnis zur Heirat geben wollte. Ich tat mich doch so schwer, mit ihm das Ehevorhaben durchzusprechen. Darauf schlugen Sie uns vor, es mit einem Brief zu versuchen, den Sie noch korrigierten und zum Teil neu verfaßten.

Und genau diesen korrigierten Brief gab ich ihm noch am Sonntagabend. Der Schwiegervater war von den Socken. Die vorher noch so starke Widerstandsmauer wurde zerschlagen, weil der Herr es so wollte.

Wir freuen uns, daß unser Heiland zur Lösung unseres Problems - aufgrund unseres anhaltenden Gebets - extra eine Schriftstellerin beauftragt hat, diese Zeilen zu verfassen. Das ist eine übergroße Gnade, daß Jesus solche Spezialisten für uns einsetzt.

Auf jeden Fall folgte aufgrund Ihres Briefes eine Aussöhnung zwischen Käthi und ihrem Vater. Ferner gab er mir tags darauf sein Einverständnis zur Heirat und versicherte mir, daß er keinen Argwohn gegen mich hege. Also einfach toll! Gott hat von einem auf den anderen Moment die Lage entscheidend geändert.

Gelobt sei der lebendige Heiland!

Ihnen möchten wir dafür danken, daß Sie Jesus in sich wirken und sich von seinem Geist leiten ließen. Mögen Sie immer festhalten an der gewaltigen Hand unseres Herrn.

Gottes Segen für Ihre ganze Familie

Ihre Käthi und Jürgen

P.S.
Am 9. 5. ist Hochzeit.

Denken Sie bitte im Gebet daran, daß Jesus in unserer Feier bezeugt wird.«

Meine Freude ist verständlich, und ich behalte den 9. Mai im Gedächtnis. Gott hat das Gebet zweier Liebender erhört. Es ist mir innerstes Bedürfnis, dem Hochzeitspaar Gottes reichen Segen zu wünschen.

Als Geschenk wähle ich einen Bildband mit ausgesuchten Psalmen. So will ich Gott loben, der unser Gebet nicht verwirft, sondern uns erhört. Ich will mit dem Beter des 40. Psalms sprechen: »Herr, mein Gott, groß sind deine Wunder und deine Gedanken, die du an uns beweisest. Ich will sie verkündigen und davon sagen, wiewohl sie nicht zu zählen sind. Deinen Willen, mein Gott, tue ich gerne, und dein Gesetz habe ich in meinem Herzen. Ich verhehle deine Güte nicht und deine Treue bezeuge ich vor der Gemeinde. Du aber, Herr, wollest deine Barmherzigkeit nicht vor mir wenden. Laß deine Güte und deine Treue allewege mich behüten. Laß deiner sich freuen und fröhlich sein alle, die nach dir fragen und die dein Heil lieben, laß allewege sagen: Der Herr sei hochgelobt! Denn ich bin arm und elend; der Herr aber sorgt für mich. Du bist mein Helfer und Erretter, mein Gott säume nicht. Er stellt meine Füße auf einen Fels.«

Vier junge Leute - ein Koffer mit Büchern - und ein entscheidendes Gespräch

Sechs Stunden schon sitze ich im Zug auf meiner Fahrt nach Österreich und habe es mir im Abteil recht bequem gemacht. Eine junge Frau sitzt mir schräg gegenüber. Ich biete ihr christliche Literatur und Traktate an, aber es kommt während der langen Reise zu keinem Gespräch mit ihr. Sie greift immer wieder zu ihren Groschenromanen, von denen sie fasziniert zu sein scheint. So nutze ich die Zeit und lese eifrig in meinem englischen Buch, das ich übersetzen soll. Es ist spannend, lebensnah geschrieben und stilistisch schön. Auf den roten Polstern habe ich die photokopierten Manuskriptseiten ausgebreitet.

In Regensburg aber wird es laut. Reisende drängen sich in den langen Gängen und halten Ausschau nach einem Platz. Zu uns ins Abteil kommen gleich vier junge Leute. Schnell räume ich meine Sachen vom Sitz. Ein junger Mann greift nach meinem Koffer und wuchtet ihn ins Gepäcknetz. »Der ist ja bleischwer. Scheint voller Bücher zu sein. Sind es Ihre eigenen?« richtet er die Frage an mich.

»Im wahrsten Sinne des Wortes. Es sind meine eigenen. Sie stammen sogar aus eigener Feder.«

»Das ist aber aufregend! Da haben wir in Ihnen wohl eine Schriftstellerin vor uns. Was schreiben Sie? Sie müssen wissen, ich interessiere mich für Literatur. Darf ich mal wissen, was Sie schreiben?«

»Gerne, es sind christliche Bücher, in denen ich wahre Begebenheiten schildere. Wollen Sie in eins reinschauen?«

»Na da muß ich Ihren Koffer wieder runterholen. Aber das macht nichts. Ich bin stark«, und schnaufend holt er mein Gepäck aus der Ablage.

»Es tut mir leid, daß Sie so viel Mühe mit mir haben. Koffer rauf, Koffer runter, Sie müssen sich vorkommen, als seien Sie in einem Bodybuilding-Verein«, und bei diesen Worten reiche ich ihm eins meiner Taschenbücher.

»Für mich gehören Bücher zu meinem Beruf und wecken immer meine Neugier. Wir vier kommen nämlich von einer religionspädagogischen Tagung, waren dort zu Vorträgen beisammen, und heute geht's wieder zurück in die Schule«, erklärt mir der junge Mann.

»Dann sind Sie Christen, wenn Sie Religionsunterricht erteilen?« frage ich meinen Gesprächspartner.

Etwas skeptisch schaut er mich an. »Mal bin ich's, mal bin ich's nicht«, gesteht er mir ein.

»Wie? Das geht doch nicht. Sind Sie's oder sind Sie's nicht?« ereifere ich mich.

Nun wird das Gespräch sehr rege. Die anderen drei Lehrer melden auch ihre Bedenken an. Sie fragen mich: Kann denn ein Mensch überhaupt wissen, ob er Christ ist? Ist es nicht überheblich, wenn einer von sich behauptet, er sei Christ und stehe mit Gott auf gutem Fuß? Wer ist überhaupt Gott? Könnte es nicht sein, daß er nur eine Projektion unserer unerfüllten Wünsche ist? So muß Gott dann herhalten, wenn alle Stricke reißen und der Mensch mit seinem Tun am Ende ist. Jeder braucht einen festen Halt, Ruhe und Geborgenheit, und wenn man das nicht in sich selber finden kann, dann wird ein höheres Wesen heraufbeschworen, das die Verantwortung übernimmt. Im Grunde ist Gott nur eine Utopie, ein Gedankengebäude. »Es gibt Zeiten, da meine ich, Gott sei eine Wirklichkeit«, gesteht mir der Lehrer ein. »Als ich 16 oder 18 Jahre alt war, gehörte ich zu einer Gruppe junger, bewußter Christen. Jugendbund für entscheidendes Christentum nannte sich der Kreis. Jeden Tag las ich meine Bibel und betete auch, und ich muß sagen, daß mir das Wort Gottes viel bedeutet hat. Aber später kamen mir Zweifel. Ich hatte auch viele familiäre Schwierigkeiten durchzustehen, und die Sache mit Gott rückte immer mehr aus meinem Gesichtskreis. Ich unterliege auch großen Gefühlsschwankungen. Ich bin mir nicht im Klaren, was ich von Gott halten soll. Sie können sich kaum vorstellen, wie sehr mir meine Zweifel zu schaffen machen, und manchmal frage ich mich, wie ich einen biblischen Text vor einer Klasse behandeln soll.«

Ich staune über die Offenheit des Lehrers, und mir wird klar, daß ich Rede und Antwort stehen muß, mein missionarischer

Einsatz beginnt nicht erst am Traunsee, wo ich einige Bibeltage halten soll, sondern jetzt und hier. Im stillen Stoßgebet erbitte ich mir Weisheit, Verstehen und Liebe für diese Lehrer. Gott hat uns zusammengeführt, und so will ich ihnen das Zeugnis von Jesus nicht schuldig bleiben.

Einer der jungen Männer blättert eifrig in meinem Buch. An einer Geschichte ist er hängen geblieben und liest Seite um Seite. So wende ich mich an die andern drei.

»Ich kann Sie in ihren Gefühlsschwankungen gut verstehen, mir geht es ähnlich. Aber der Glaube an Gott ist nicht von meiner frohen oder niedergedrückten Stimmungslage abhängig. Glaube an Gott ist eine feste Gewißheit, die sich auf die Zusagen des Alten und Neuen Testamentes beruft. Darf ich Ihnen eine nennen? Wer den Sohn Gottes hat, der hat das Leben; wer den Sohn Gottes nicht hat, der hat das Leben nicht (1. Joh. 5,1). Prüfen Sie sich an diesem Wort! Haben Sie Jesus Christus in Ihr Dasein aufgenommen? Das ist *die* entscheidende Frage, die über Ihre Gottesbeziehung urteilt. Ihr Ja zu Christus entscheidet, ob Sie in der Gemeinschaft mit Gott hier und jetzt stehen und darüberhinaus in der neuen Welt Gottes mit ihm leben werden. Ich habe ganz bewußt auch den zweiten Teil des Verses zitiert: Wer den Sohn Gottes nicht hat, der hat auch das Leben nicht, auch das Ewige Leben nicht.

Kein Mensch kann dem andern diese Verbindung zu Christus vermitteln. Das hat sich Jesus selbst vorbehalten. Er offenbart sich jedem, der sich aufrichtig nach ihm sehnt und ihn begehrt. Aber um der Wahrheit willen muß ich Ihnen auch sagen, daß der Aufschub Ihrer Entscheidung Sie das Ewige Leben kosten kann. Gott wird Sie einmal fragen, wenn Sie vor den Richterstuhl treten müssen: Was haben Sie mit Jesus gemacht? Haben Sie das Evangelium von der Errettung durch den Mann am Kreuz ernstgenommen? Haben Sie Vergebung Ihrer Sünde? Verstehen Sie bitte, ich darf Ihnen diese ernste Seite nicht vorenthalten, denn auch ich muß am Ende meiner Tage Rechenschaft über mein Tun ablegen, ob ich mich bemüht habe, die frohe Botschaft von der Versöhnungstat Christi anderen mitzuteilen. Die Entscheidung für oder gegen Christus muß jeder selber treffen; aber meine Aufgabe ist es, die Menschen in meiner Umgebung nicht in Unwissenheit über Gott zu lassen. Es steht nämlich auf Messers Schneide. Entweder ist der Mensch durch Jesus gerettet oder für immer verloren. Ich wäre sehr egoistisch, wenn ich in Jesus glücklich wäre und andere bewußt von diesem Heil ausschlösse. Gott will, daß allen Menschen geholfen werde und sie zur Erkenntnis der Wahrheit kommen. Er hat uns geschaffen zu seinem Du, und so hat er nur einen Gedanken, wie er die Verbindung zu uns herstellt, die durch unsere Schuld zerbrochen ist.«

Es folgt nun ein lebhafter Austausch. Viele Fragen sind noch offen. Ich staune, wie aufgeschlossen meine Mitreisenden sind. Eine Lehrerin – Mutter einer kleinen Tochter – läßt mich ein Stückweit in ihre Ehenöte schauen. Sie hat Leid erfahren müssen, durchleidet Ängste und weiß um manche seelische Wunden. Ich mühe mich, sie zu verstehen, und spreche ihr den Trost Christi zu.

Plötzlich ertönt aus dem Lautsprecher: »Mein Damen und Herren, in wenigen Minuten erreichen wir Passau.« Meine Reisebegleiter sind an ihrem Ziel angelangt. Sie machen sich zum Aussteigen fertig.

»Darf ich Ihnen noch eins meiner Bücher schenken?«

»Für Bücher sind wir immer zu haben, sonst hätten wir unsern Beruf verfehlt«, macht sich einer zum Sprecher. Ich blicke vielsagend zu meinem Koffer auf, und die vier Lehrer müssen lachen.

»Also das ganze Spiel von vorne: Koffer runter, Koffer rauf, das trainiert die Muskeln. Ich glaube, ich bin doch in einem Body-Building-Center«, kommentiert der Stärkste von ihnen und müht sich mit dem Bücherkoffer ab.

Mir bleibt nicht viel Zeit. Schnell schreibe ich in jedes Buch eine Widmung und unterstreiche sie mit einem passenden Bibelvers. Mit Bedacht suche ich sie aus. So grüße ich die leidgeprüfte Lehrerin mit Johannes 16,33: »In der Welt habt ihr Angst; aber seid getrost, ich habe die Welt überwunden, spricht Christus.«

Die jungen Leute bedanken sich herzlich und drücken mir die Hand. »Dieses Gespräch mit Ihnen war für uns der Höhepunkt unserer religionspädagogischen Tagung. Sie haben uns nachdenklich gemacht. Die Frage nach Gott ist neu in uns aufgebrochen. Ihnen haben wir jedenfalls abgespürt, daß Sie in einem lebendigen Bezug zu Christus stehen. Ihr Glaube hat Ausstrahlungskraft. Wir sind nicht unberührt davon geblieben. Ich wünschte, ich könnte glauben wie Sie. Nochmals vielen Dank!«

Wir verabschieden uns, und im Abteil wird es leer und still. Ich hänge meinen Gedanken nach und freue mich über die Möglichkeit, Zeuge meines Herrn zu sein. Ich schließe diese Lehrer eine lange Zeit in meine Gebete ein.

Wenn ihnen doch die Erkenntnis geschenkt würde: »Wer den Sohn hat, der hat das Leben.«

Auf der Reeperbahn

Hamburg war mein Reiseziel. Dorthin war ich eingeladen, und ich freute mich auf die Begegnung mit Frauen aus der Landeskirchlichen Gemeinschaft. Aber zunächst war ich doch ein wenig enttäuscht. Auf dem Bahnsteig sollte ich warten, so hatten wir es am Telefon vereinbart. Die Gemeindediakonin wollte mich abholen. Ich blickte bei meiner Ankunft nach rechts und links, sah aber keinen Menschen, der Interesse für mich zeigte. Etwas ratlos und müde von der langen Reise bei schwüler Witterung stand ich mit meinem schweren Bücherkoffer und der Reisetasche auf dem Bahnhof. Wie verloren kam ich mir inmitten der Menschenmenge vor, die an mir vorüber brandete. War ich vergessen worden?

Auf der gegenüberliegenden Bahnsteigkante sah ich eine ältere Dame mit zwei jungen Leuten stehen. Sie schien mich zu beobachten. Auf sie ging ich zu und fragte etwas zaghaft: »Sind Sie vielleicht Frau Losch? Wollten Sie mich abholen?« Verwundert blickte sie mich an. »Nein«, lautete ihre Antwort, und schon ging sie weiter. Ich ließ meine Augen suchend über die Gleise schweifen. Aber plötzlich kam die Frau mit schnellen Schritten auf mich zu. »Sagten Sie eben Frau Losch? Meinen Sie vielleicht Frau Ilsegret Losch?«

Aus meiner Tasche zog ich den Briefumschlag mit der Adresse und reichte ihn hin. »Ja, Frau Losch kennen wir. Wir gehören auch zur Landeskirchlichen Gemeinschaft, Löfflerstraße.

Unsere Gemeindediakonin hat sich sicher verspätet, vielleicht hat sie auch keinen Parkplatz bekommen und ist noch auf der Suche. Aber regen Sie nicht nur nicht auf. Wir sorgen schon, daß Sie gut in ihr Quartier kommen.«

Ich war erleichtert und sah in der Begegnung mit dieser freundlichen Dame eine Wohltat meines Herrn. Er läßt mich in dieser Millionenstadt nicht allein, sondern schickt mir auf mein Stoßgebet hin liebe, hilfsbereite Menschen über den Weg. Aber fünfzehn Minuten später erschien Frau Losch, begrüßte mich herzlich und drückte mir eine langstielige Rose in die Hand. Später stellte sich heraus, daß mir der Bahnbeamte eine falsche Ankunftszeit mitgeteilt hatte, und es aus diesem Grunde zu dem kleinen Mißgeschick gekommen war. Ich bin von Natur recht ängstlich, und so ist meine Freude verständlich, wenn ich in solchen netten, freundlichen Begebenheiten Gottes Führung erkenne.

Aber das war nur ein kleiner Vorspann. Erzählen möchte ich von meinem unfreiwilligen missionarischen Einsatz auf der Reeperbahn. Diese sündigste Meile der Welt war mir nur von Filmen und Berichten in Zeitungen und Zeitschriften bekannt. Ich hatte schon öfter von diesem Sündenbabel gehört. Auf einer Glaubenskonferenz hatte Pastor Dankmar Fischer vom Einsatz der Heilsarmee in diesem berüchtigten Viertel erzählt. Ich hatte ihn damals persönlich kennengelernt und ihm für seine Mitarbeiter ein Paket Bücher geschickt. Nun wollte ich die Gelegenheit nutzen und seine Coffee-Bar besuchen.

Gewiß, der Tag war für mich recht anstrengend gewesen – ich hatte zwei Vorträge gehalten und mehrere seelsorgerliche Gespräche geführt – aber die Reeperbahn zog mich mächtig an. Ich wollte mit dabei sein, wenn Menschen, die ausbeuten und ausgebeutet werden, das Evangelium hören.

Als ich gegen 20 Uhr in Begleitung der Gemeindediakonin in dieses berüchtigte Viertel kam, hörten wir schon von weitem Jesuslieder. Pastor Fischer hielt eine Freiversammlung ab. Seine Mitarbeiter standen in einem Kreis um ihn herum. Männer und Frauen, die über die Reeperbahn bummelten oder Ausschau hielten, wie sie ihre Lust befriedigen könnten, blieben auf der Straße stehen. Um die Soldaten der Heilsarmee bildete sich eine Traube von Menschen. Aufmerksam hörten sie zu. Vielleicht waren auch die bunten Fahnen und die schmucken Uniformen zu einer Attraktion für sie geworden. Dankmar Fischer verstand es, mit kurzen Interviews und mit einer evangelistischen Ansprache seine Zuhörer zu fesseln. Es folgten flotte Melodien, die Gott lobten und seine Heilstaten verkündigten. Immer mehr Menschen scharten sich um den Verkündiger. Einige Christen verteilten Traktate und Einladungen für das sich anschließende persönliche Gespräch in der Coffee-Bar. Plötzlich aber kam der Pastor auf mich zu, begrüßte mich freundlich und forderte mich auf,

Christus vor der versammelten Menschenmenge zu bezeugen. Mir schlug das Herz bis zum Halse, war es doch mein erster Straßeneinsatz. Mit einigen markanten Fragen schaffte mir der Pfarrer einen guten Einstieg. »Frau Bormuth, ich kenne Sie schon länger und weiß, daß Sie Autorin mehrerer christlicher Bücher sind. Wie heißt der Titel Ihres Erstlingswerkes?«

»Ich staune über Gottes Führung«, gab ich ihm zur Antwort.

»Erzählen Sie uns bitte, wie sind Sie Christ geworden?«

Diese Frage lenkte meine Sinne auf das wichtigste Thema meines Lebens. Gott schenkte mir Freude, darüber zu berichten. Es sprudelte förmlich über meine Lippen, wie sehr ich mich über Gottes Liebe freute, als er mich in seine Nachfolge rief.

»Noch heute kann ich es nicht fassen«, berichtete ich, »daß Gott ein solch starkes Interesse an mir hat, daß er meine tiefe Not sah und eingriff. Es war nach dem Zweiten Weltkrieg. Heimatlos geworden irrten wir mit unsrem Flüchtlingstreck auf den Straßen Deutschlands umher. Wir wußten nicht, wo wir eine Bleibe finden konnten. Dann öffnete uns ein gläubiger Tischlermeister sein Haus und bot uns ein Dach über dem Kopf. Sogar für unsere drei Pferde, die uns noch verblieben waren, schaffte er Platz in seinem schon engen Stall. Jeden Donnerstag trafen sich die Familienmitglieder mit noch anderen Christen in ihrem Wohnzimmer und tauschten sich über Gottes Wort aus.

Eines Tages luden sie mich ein, an einer christlichen Freizeit teilzunehmen. Ein Liedvers traf die wunde Stelle meines Lebens: ‚Es ist das Kreuz von Golgatha Heimat für Heimatlose'. Dieser Refrain weckte in mir tiefe Sehnsucht nach Geborgenheit, nach einem Zuhause. Wir waren ja als Flüchtlinge damals schrecklich arm und herumgestoßen. Wie Zigeuner lebten wir von der Hand in den Mund. Ich litt unter diesem elenden Dasein. Wenn das Lied wahr ist und es für uns Menschen eine Heimat bei Christus gibt, dann wollte ich auch in diesen Genuß kommen und Jesus kennenlernen. In einem seelsorgerlichen Gespräch übereignete ich Christus mein Leben. Ich erfuhr die größte Wohltat, die einem Heimatlosen geschenkt werden kann: die Geborgenheit in Gott. Im Kreuz Christi fand ich mein neues Zuhause. Die Liebe Christi erwärmte mein bisheriges frostiges Dasein, und es wurde hell, schön und strahlend in meinem Leben, obwohl ich in die alten, dürftigen Verhältnisse zurückging.

Mehr als dreißig Jahre sind seitdem vergangen, es gab manches Auf und Ab, aber Christus hat mich gehalten, und das Lesen der Bibel hat mich zur Hingabe meines Lebens an ihn ermutigt.

Jesus ist einzigartig. Es ist mir ein Vorrecht, die frohe Botschaft von der Errettung aus der Macht der Sünde anderen mitzuteilen, damit sie bei Gott auch ein warmes Nest finden, ein Zuhause, in dem sich jeder wohlfühlen kann. Das ist auch der Beweggrund, warum ich Bücher schreibe. Das Evangelium muß unter die Leute kommen, und Menschen sollen diesen Herrn und Heiland kennenlernen. Auf Golgatha verblutete er uns zugut, damit keiner unversöhnt vor Gott erscheinen müßte und ewig verloren ginge.

Das ist eine frohe Botschaft, die jeder hören soll. Sie gilt allen Menschen, auch denen, die meinen, Gott sei für sie bedeutungslos. Heute wird uns das Heil angeboten, und heute dürfen wir in die liebende, ausgestreckte Hand Gottes einschlagen. Wer den Namen des Herrn anrufen wird, er soll errettet werden«. Nach diesem kurzen Zeugnis folgte ein Lied, das uns die Größe Gottes vor Augen stellte.

Ich wandte mich zwei jungen Männern zu, die direkt neben mir standen. Ich lud sie ein zum anschließenden Gespräch in die Coffee-Bar, um ihnen aufzuzeigen, wie sie Christus finden könnten. Es waren zwei ausländische Studenten, und sie kamen – wie ich – aus Marburg. Das verband uns miteinander, und so fiel es ihnen leichter, zum Saal der Heilsarmee mitzukommen. Ich sah in dem Zusammentreffen eine freundliche Führung Gottes.

Bei Kerzenlicht saßen wir zusammen und redeten von Gott. Als ich sie fragte, ob ich ihnen ein Neues Testament in ihrer Muttersprache schenken dürfte, willigten sie ein und gaben mir bereitwillig ihre Adresse. Gleichzeitig baten sie mich, ob ich ihnen für das Wintersemester ein preiswertes Zimmer besorgen könnte. Beides gehört in einem Christenleben zusammen: das Reden von Jesus und die helfende Tat.

Lange saßen wir beieinander und ließen uns Kaffee, Tee und Curryreis schmecken. Erst gegen Mitternacht brach ich auf. Vor dem Einschlafen bewegte mich das Erleben auf der Reeperbahn. Menschen träumen sorglos in den Tag hinein. Sie suchen ihr zweifelhaftes Vergnügen und die Befriedigung ihrer Lust. Sie verlieren ihre Ehre und Würde. Sie verletzen und werden verletzt. Sie schlagen und werden geschlagen. Sie beuten aus und werden ausgebeutet. Sie betrügen und werden betrogen. In ihrer Verblendung sehen sie nicht, wie sie ohne Gott verloren gehen. Was müssen das für Narren sein, die am Rande des Abgrunds tanzen, der Sündhaftigkeit fröhnen, ohne sich darum zu kümmern, wie sie ihrem Schöpfer am Gerichtstag begegnen. Ich sah sie alle vor meinem inneren Auge: die Prostituierten und Zuhälter, die Vornehmen und Heruntergekommenen, die Dealer und Drogensüchtigen, die Homosexuellen und Strichjungen. Ihre Gier und ihr Hunger nach dem Leben sind maßlos. Wie besessen suchen sie nach einem bißchen Lustgewinn, ohne auch nur einen Gedanken dafür zu verwenden, wo sie ihr Heil finden könnten.

Aber am törichsten fände ich mich selber, wenn mich das Elend dieser Menschen unberührt ließe und ich ihnen nicht zur Zeit und zur Unzeit die Liebe Gottes vorlebte und sie ihnen nahebrächte. Der Auftrag Jesu ist dringlich.

Er selber ist mir dabei Leitbild und Ansporn. Er ist uns zum Vorbild geworden, welch umgestaltende Kraft seine Liebe hat. Lukas sieben gehört für mich zu dem schönsten und eindrucksvollsten Kapitel im Neuen Testament. Es lohnt sich, ihm nachzusinnen.

»Es bat ihn aber ein Pharisäer, daß er mit ihm äße. Und Jesus ging hinein in des Pharisäers Haus und setzte sich zu Tisch. Und siehe, ein Weib war in der Stadt, die war eine Sünderin. Da die vernahm, daß er zu Tische saß in des Pharisäers Hause, brachte sie ein Glas mit Salbe und trat hinzu zu seinen Füßen und weinte und fing an, seine Füße zu netzen mit Tränen und mit den Haaren ihres Hauptes zu trocknen, und küßte seine Füße und salbte sie mit Salbe. Da aber der Pharisäer das sah, sprach er bei sich selbst und sagte: Wenn dieser ein Prophet wäre, so wüßte er, wer und welch ein Weib das ist, die ihn anrührt; denn sie ist eine Sünderin. Jesus antwortete und sprach zu ihm: Simon, ich habe dir etwas zu sagen. Er aber sprach: Meister, sage an.

Es hatte ein Gläubiger zwei Schuldner. Einer war schuldig fünfhundert Groschen, der andere fünfzig. Da sie aber nicht hatten zu bezahlen, schenkte er's beiden. Sage an, welcher unter denen wird ihn am meisten lieben?

Simon antwortete und sprach: Ich achte, dem er am meisten geschenkt hat. Er aber sprach zu ihm: du hast recht gerichtet.

Und er wandte sich zu dem Weibe und sprach zu Simon: Siehest du dies Weib? Ich bin gekommen in dein Haus; du hast mir nicht Wasser gegeben zu meinen Füßen; diese aber hat meine Füße mit Tränen genetzt und mit den Haaren getrokknet. Du hast mir keinen Kuß gegeben; diese aber, nachdem sie hereingekommen ist, hat sie nicht abgelassen, meine Füße zu küssen.

Du hast mein Haupt nicht mit Öl gesalbt; sie aber hat meine Füße mit Salbe gesalbt.

Derhalben sage ich dir: Ihr sind viele Sünden vergeben, denn sie hat viel geliebt; welchem aber wenig vergeben wird, der liebt wenig.

Und er sprach zu ihr: Dir sind deine Sünden vergeben.

Da fingen an, die mit zu Tische saßen, und sprachen bei sich selbst: Wer ist dieser, der auch die Sünden vergibt?

Er aber sprach zu dem Weibe: Dein Glaube hat die geholfen; gehe hin in Frieden!«

Fünfzig Postkarten, und keine erreicht ihr Ziel

Die Geschichte, die ich erzählen will, ist schon bewegend. Ich habe sie in der Biographie von Hans Rosenthal entdeckt, der mit seiner Sendung »Dalli, Dalli« zu den bekanntesten Showmastern unserer Zeit gehört. Mein Mann schenkte mir zu Weihnachten sein Buch: Zwei Leben in Deutschland. Ich habe es mit Begeisterung gelesen. Menschen interessieren mich. Ich denke gerne ihrem Werdegang nach, freue mich an ihren schönen Erfahrungen, leide aber auch mit ihnen, wenn schwere Schicksalsschläge ihrem Dasein auflauerten. Letzteres hat Hans Rosenthal in aller Härte und Brutalität erleben müssen.

Hans Rosenthal schreibt über sich:

»In der Vorkriegszeit, der Zeit meiner Kindheit, wurden meine Angehörigen und ich selbst in jener sich mehr und mehr verdunkelnden Phase deutscher Geschichte zu Menschen zweiter Klasse. Im Krieg dann wurde ich zur ‚Unperson'. Meine Existenz war nicht nur gefährdet, sie war offiziell überhaupt nicht mehr vorhanden. Jede Stunde, die ich in der Verborgenheit zubrachte, war eine Stunde der Angst und gleichzeitig des Erstaunens darüber, daß es mich überhaupt noch gab ... Siebenmal bin ich vor dem fast sicheren Tode gerettet worden. Ein Mensch, der das hinter sich hat, wird nicht ein Buch schreiben können, ohne damit eine Hoffnung, einen Wunsch zu verbinden ... man darf nie aufgeben. Man darf vor allem nicht sich selbst aufgeben. Nach einem Tunnel kommt wieder ein Licht, nach einem tiefen Tal eine Höhe, nach Verzweiflung Zuversicht und nach Kummer Glück.« Dieser Auszug ist dem Vorwort seines Buches entnommen.

Die Leiden, die Hans Rosenthal als verfolgter Jude zu durchstehen hatte, sind mir unter die Haut gegangen. Besonders tragisch ist das Lebensgeschick seines Bruders Gerd. Als Rosenthal erfuhr, daß der Zehnjährige mit unbekanntem Ziel abtransportiert werden sollte, überlegte er krampfhaft, wie er dies verhindern könne, und beschloß, mit Gerd unterzutauchen. Diesen Plan besprach er mit seiner Großmutter.

»Hansi«, sagte sie, »der Gerd ist zehn Jahre alt. Er hält das nicht durch. Er wird einmal hinaus an die Luft wollen. Ein Kind kann sich nicht beherrschen. Wir müssen uns das aus dem Kopf schlagen.«

»Dann wurde der Kindertransport zusammengestellt. Kein Mensch wußte, wohin die Reise gehen sollte, und von Vernichtungslagern und KZ's war mir nichts bekannt«, schreibt Rosenthal in seinem Buch.

Und doch spürten die Menschen insgeheim die Bedrohung. Die Zeit war von Furcht und Schrecken geschwängert. Der Abschied, den Rosenthal von seinem Bruder nehmen mußte, wurde zum Abschied für immer. Beim letzten Zusammentreffen zeigte Gerd voller Stolz fünfzig Postkarten. Von seinen Ersparnissen hatte er sie sich gekauft.

»Hansi«, sagte er, »auf diesen Postkarten steht schon deine Adresse. Ich habe sie alle vorbereitet. Alle zwei Tage werde ich dir eine schreiben, wo ich bin und wie es mir geht.« Rosenthal berichtet: »Ich habe nie eine dieser Karten bekommen, und ich habe Gerd nie wieder gesehen.« Die Nachforschungen ergaben später, daß das Kind im Osten in einem KZ-Lager Opfer der Massenmorde geworden ist.

So weit die tragische Geschichte des jüngeren Bruders.

Ich ahne, wie zerrissen vom Leid Rosenthal gewesen sein muß. Rosenthal selbst wurde von Todesangst befallen, als er hörte, daß auch seine jüdischen Arbeitskollegen von der Blechemballagenfabrik abgeholt worden waren. Auch sie landeten in den Todeslagern. Wie durch ein Wunder blieb er verschont. Er arbeitete zu dieser Zeit in einer anderen Stadt. So entging er dem Holocaust. Er floh nach Berlin, suchte zunächst bei den Großeltern Unterschlupf und verbarg sich in einem Gartenhaus über viele Monate. Rosenthal schreibt über seine Flucht folgendes:

»Als der Zug zu rollen begann, dachte ich an Gerd. Auch er war in einem Zug nach seinem Abtransport aus dem Waisenhaus gefahren. Aber wohin? Keine seiner vorbereiteten Karten war bisher angekommen. Ich sorgte mich um ihn, und mein Gewissen rührte sich. Hatte ich ihn im Stich gelassen? Hätte ich ihn vor dem Weg ins Ungewisse bewahren können? Er war ja doch so klein, so hilflos. Und ich war eigentlich schon ein Mann. Gemessen an dem, was ich an Bedrängnis, Sorge und Schwerarbeit hinter mich gebracht hatte, mußte ich mir wie ein Mann vorkommen. Hätte ich besser doch nicht auf Großmutter hören sollen, als sie gesagt hatte, einen so kleinen Jungen wie Gerd zu verstecken, sei auf die Dauer unmöglich?«

Mich haben die Zeilen von Rosenthal sehr bewegt. Ein Stück weit empfinde ich den Kummer dieses Menschen an meiner eigenen Seele. Ich will ihn auch nicht billig trösten, aber vielleicht gelingt es dem großen russischen Dichter Dostojewsky, die aufwühlenden, quälenden Fragen zur Ruhe zu bringen. Ich schreibe diesem beliebten Showmaster einen Brief und zitiere Zeile um Zeile aus dem Buch »Die Brüder Karamasow«. Dostojewski legt dem Starez folgende Worte in den Mund: »Fürchte nichts, und fürchte dich niemals, und gräme dich nicht. Wenn nur die Reue nicht erlahmt - dann wird Gott dir alles vergeben. Solch eine Sünde gibt es nicht in der ganzen Welt und kann es gar nicht geben, die Gott der Herr einem wahrhaft Reuigen nicht verziehe. Ein Mensch kann gar nicht eine so große Sünde begehen, daß sie die unendliche Liebe Gottes erschöpfte. Oder kann es eine so schwere Sünde geben, daß sie Gottes Liebe überwöge? Um Reue sei nur besorgt, um unablässige Reue, die Furcht jedoch scheuche gänzlich von dir. Glaube daran, daß Gott dich so sehr liebt, wie du es dir nicht einmal vorstellen kannst, dich sogar mit deiner Sünde und in deiner Sünde liebt. Über einen Sünder, der Buße tut, wird im Himmel mehr Freude sein, als über zehn Gerechte, so steht es seit langem geschrieben. Geh also und fürchte dich nicht. Laß dich nicht erbittern gegen die Menschen, ärgere dich nicht, wenn dir Unrecht geschieht. Wenn du bereust, dann liebst du auch. Liebst du aber, so bist du auch schon Gottes. Geh denn und fürchte dich nicht!«

Geschenke, die nicht nur ein Kinderherz erfreuen

Es war in dem heißen Sommer 1945. Heimatlos geworden irrten wir auf den Straßen umher, bis uns das Schicksal nach Hessen verschlug. Bei einem Gutsbesitzer fand mein Vater Arbeit und für unsere drei noch verbliebenen Pferde einen Stall und Futter. Der große Hof lag direkt an der Fulda inmitten von herrlichem Wald. Wasser hat mich schon von jeher fasziniert, und das ist verständlich, wenn ich erwähne, daß ich in einer Gegend am Schwarzen Meer, in Bessarabien, geboren wurde. Jeden Sommer verbrachten wir mehrere Wochen am Strand und tummelten uns in den brausenden Wogen.

So saß ich an einem heißen Julitag am Ufer der Fulda und schaute einer Schar von Kindern zu, die im Wasser badeten. Sehnsüchtig glitten meine Blicke zu ihnen hinüber. Wie gerne hätte ich mit ihnen geplanscht! Ihre weißen Schwimmkissen weckten in mir die Lust, es ihnen gleich zu tun. Aber ich war ja ein Flüchtlingskind und besaß weder Badehose noch Schwimmreif. Mir blieb also nur das Zuschauen, wie sie sich in ihren Schwimmgürteln in den Fluten treiben ließen. Vom Flußrand aus gesehen war es mir, als schwämmen Engelchen mit Flügeln.

Meine Mutter muß mich wohl von der angrenzenden Wiese aus beobachtet haben. Sie kam zu mir herüber und sagte: »Komm Lotte, ich nähe dir ein Schwimmkissen, dann kannst du mit den andern baden gehen.« Ich war beglückt und eilte mit meiner Mutter zu unseren zwei kleinen Zimmerchen. In unseren wenigen Habseligkeiten kramte Mutter herum und fand zwei fast gleichgroße Leinensäckchen, in denen wir auf der Flucht das Brot aufbewahrt hatten. Sie nähte mit der Hand ein Gurtband daran, und schon hatte ich auch ein Schwimmkissen. Wie ich zu einer Badehose gekommen bin, das weiß ich heute nicht mehr. Wahrscheinlich mußte ein Unterhöschen herhalten. Ich konnte jedenfalls mit den andern Kindern in den Wellen der Fulda schwimmen. Ich blies die beiden nassen Leinensäckchen auf, schnürte sie um die Brust und erlebte das Wunder: Die Schwimmkissen trugen mich in den Fluten. Wie ein Schwan glitt ich über das Wasser, und vom Ufer winkte mir meine Mutter zu.

Inzwischen schreiben wir das Jahr 1986, aber vergessen habe ich mein erstes Badeerlebnis in der Fulda nicht. In meinem Herzen regt sich der Dank an meine Mutter, die mit einem Blick erkannte, was ihrem Lottchen fehlte: Schwimmkissen, damit es mit den andern Kindern die Freude im Wasser teilen konnte.

Später, als ich selbst Mutter wurde, versuchte ich diese empfangene Liebe an meine Kinder weiterzugeben. Weihnachten stand vor der Tür, und ich überlegte, worüber sich unsere Zwei wohl freuen würden. Fünf und sechs Jahre alt waren sie. Es sollte ein schönes Geschenk sein, aber ich verfügte nicht über viel Geld. Wir hatten gebaut, und die finanziellen Belastungen waren sehr groß. Immer wieder flatterte eine noch unbezahlte Rechnung ins Haus. Ich kam auf die Idee, Anne-Ruth und Gottfried gemeinsam einen Roller zu kaufen. Ich war begeistert und erstand schon drei Wochen vor dem Fest einen herrlichen, roten Roller.

Im Plastiksack verstaut hatte ich ihn unter dem Bett im Schlafzimmer versteckt. Dann aber war es endlich soweit. Ich hatte das Weihnachtszimmer gerichtet, den Tannenbaum geschmückt und die Kerzen aufgesteckt. Alle Geschenke waren auf dem Gabentisch ausgebreitet. Den Roller stellte ich an den Heizkörper und breitete eine Wolldecke darüber. Um sicher zu sein, daß sich keiner heimlich ins Zimmer schlich, schloß ich die Tür zu und gab den Schlüssel meinem Mann, denn er zündete immer die Lichter an und ließ das Glöcklein läuten. Ich war voller Spannung und freute mich schon auf die großen, leuchtenden Augen meiner Kinder. Was werden sie wohl zu dieser Überraschung sagen?

Mein Mann war nach der Christfeier in der Kirche vorausgeeilt, um die Kerzen anzuzünden und uns ins Weihnachtszimmer einzulassen. Aber daraus wurde nichts. Er hatte, wie das bei einem zerstreuten Professor üblich ist, den Schlüssel verlegt. Die Kinder wurden unruhig, ich war ärgerlich. Wir suchten und suchten. Wo ist nur der Schlüssel zum Weihnachtszimmer? Endlich tauchte er aus der Versenkung wieder auf. Er war in einen Socken gerutscht, der zu unterst in einer

Schublade seinen Platz hatte.

Die Kinder fieberten. Es dauerte ihnen viel zu lange, bis die Weihnachtslieder gesungen, das Evangelium von der Geburt des Heilandes verlesen und das Dankgebet für Gottes großes Geschenk im Kind in der Krippe gesprochen war. Dann aber wurden die Gaben verteilt. Pfiffig wie unser Gottfried ist, hatte er gleich die graue Wolldecke ausfindig gemacht. Ein Roller, ein Roller, so ein schöner Roller! Der Jubel war kaum zu überbieten. Natürlich mußte das neue Vehikel ausprobiert werden. So verbrachten wir den Rest des Weihnachtsabends bei rieselnden Schneeflocken und übten straßauf, straßab Rollerfahren. Ein wahres Vergnügen nicht nur für die Kinder.

Aber an dieser Stelle muß ich noch einen wesentlichen Teil einfügen. Die Liebe, die Eltern zu ihren Kindern haben, flutet wieder auf sie zurück. Diese Erfahrung gehört für mich zu den schönsten in meinem Dasein. Wie freue ich mich, wenn ich mir z. B. Daniels Geburtstagsgrüße anschaue. Ich habe sie an unsere Flügeltür geheftet. Worte der Losung hat er mir ausgesucht, und sie sind mir ein Wegweiser durchs neue Lebensjahr. Unter den vielen Bibelsprüchen will ich nur zwei Verse herausgreifen:

»Der Herr wird seinen Engel vor dir her senden, und er wird Gnade zu deiner Reise geben.«

»Denn in dieser Nacht ist bei mir gestanden der Engel Gottes, des ich bin und dem ich diene, und sprach: Fürchte dich nicht, Paulus! Du mußt vor den Kaiser gestellt werden; und siehe, Gott hat dir geschenkt alle, die mit dir schiffen. Darum seid unverzagt, denn ich glaube Gott, es wird also geschehen, wie mir gesagt ist.«

Wie haben mich gerade diese Verse neu für meinen Reisedienst ermutigt, wo ich schon manchmal mit dem Propheten Jesaja meinte sprechen zu müssen: »Ich aber dachte, ich arbeitete vergeblich und brächte meine Kraft umsonst und unnütz zu, wiewohl meine Sache des Herrn ist und mein Amt meines Gottes.«

Gott gebrauchte den Jüngsten in der Familie, um mich neu in meinem Auftrag zu bestätigen, Botin meines Herrn zu sein und sein Evangelium zu verkündigen. Mit einem herzhaften Kuß auf die Wange dankte ich Daniel für seine Liebe. Der kleine Kerl wußte, daß auch Mütter den Zuspruch brauchen.

Oder ich werde an einen Brief erinnert, den mir unser Gottfried aus Vancouver schickte, wo er zwei Semester Theologie studierte.

Nach einem Unfall lag ich in der Klinik. Mein Bein war frisch eingegipst und der Juckreiz kaum auszuhalten. In dieser Situation erreichte mich sein Genesungswunsch. Treffend hatte er ihn in Worte gefaßt, als er schrieb: »Aber da ich ihre Wege sah, heilte ich sie und leitete sie und gab ihnen wieder Trost. Frieden, Frieden denen in der Nähe und denen in der Ferne, spricht der Herr, ja ich will sie heilen.«

Oder ich denke an einen kleinen weißen Zettel. Matthias hatte ihn mir aufs Kopfkissen gelegt: »Dreimal Rasen mähen, unter den Sträuchern graben, Lateinvokabeln lernen, alles ohne Murren! Mama ich hab dich lieb, dein Matthias.«

Einmal allerdings traf mich ein großer Schreck. Wir hatten unter viel Mühe um unser neuerbautes Haus die Muttererde verteilt, die Steine aufgelesen, Mist untergegraben, nach jedem Regen die langen Queckenschnüre herausgezogen und im Herbst Erdbeeren gepflanzt.

Es war Muttertag, Ich dachte, ich sehe nicht recht, als unsere Anne-Ruth mit einem großen Strauß Erdbeerblüten vor mir stand und ihr Gedicht aufsagte: »Alle Blumen, die ich fand, leg ich, Mutter, in deine liebende Hand.« Auch in diesem Mißgeschick offenbarte sich die Liebe meines Kindes, und als ich ein paarmal tief durchgeatmet hatte, stellte ich die kleinen weißen Blüten in die Vase, aber ich muß eingestehen, daß ich mich nicht so recht darüber freuen konnte.

Eine kinderreiche Mutter zu sein, ist ein großes Geschenk. Das merke ich in besonderer Weise, wenn ich mal krank bin.

Als ich einmal mitten in der Nacht wegen einer Allergie in die Klinik eingeliefert wurde, reisten gleich zwei unserer Kinder an, um nach mir zu schauen. Ich war recht bewegt, als Johannes mit einem Bouquet roter Rosen an meinem Bett stand. »Junge, warum stürzt du dich so in Unkosten? Von deinem bißchen Geld, das du für dein Studium bekommst, kaufst du solch herrliche Blumen. Ich danke dir herzlich, Johannes. Was bin ich froh, daß ich euch habe.«

Immer wieder schaute ich mir meine Blumen an. Meine

Bettnachbarin meinte mit einem Schmunzeln auf dem Gesicht: »Frau Bormuth, Sie brauchen bei Ihrer großen Kinderzahl noch einen Nachttisch, damit Sie die Sträuße alle unterbringen.«

Von soviel Liebe umgeben wurde ich bald wieder gesund. Wenn ich diesem Erleben nachsinne, bleibt mir nur der Dank. Der Dank gegen Gott, der mir eine liebe Mutter gab. Mir selbst wurde das Vorrecht zuteil, Mutter zu werden. Ich empfand viel Liebe von meinen Kindern, und das macht mich zu tiefst glücklich.

Voll innerer Bewegung spreche ich wie Mose und bitte für jedes Kind: »Der Herr segne dich und behüte dich; der Herr lasse sein Angesicht über dir leuchten und sei dir gnädig; der Herr hebe sein Angesicht über dich und gebe dir Frieden.«

Teure Bilder und herzliche Liebe

Photographieren ist teuer und lästig zugleich, wenn man wie ich nicht über ebenmäßige Gesichtszüge verfügt. Meist schaue ich skeptisch in die Kamera, und schon so manches Gruppenphoto habe ich verschandelt. So laß ich mich nur ungern photographieren. Aber vor kurzem entdeckte ich in einer Zeitschrift ein Lichtbild von mir, das mich zu meinem großen Erstaunen schöner darstellte als ich in Wirklichkeit bin.

Auf einer Tagung hatte ich Vorträge gehalten, und der Reporter, der für eine Zeitung einen Bericht zu schreiben hatte, wollte unbedingt ein Bild mit dazufügen. So lächelte ich in die Kamera und meinte mit einem etwas ironischen Unterton: »Na, wenn Sie von mir ein einigermaßen ordentliches Photo schießen wollen, dann müssen Sie schon der Hofphotograph von der Queen von England sein.«

Wahrscheinlich war ich doch einem Meister begegnet, denn das Bild war gelungen. Da ich öfter für Zeitungsartikel um ein Photo gebeten werde, verfiel ich auf die leichtsinnige Idee, den Journalisten anzuschreiben, er möchte mir zwanzig Lichtbilder zuschicken und die Rechnung beilegen. Im stillen dachte ich: Lotte, du sparst Zeit - du brauchst keinen Photographen aufsuchen - und hast zudem die Garantie, daß die Photos ganz ordentlich werden.

Das Risiko nahm ich in Kauf, daß meine Zuhörer vielleicht enttäuscht feststellen: Soll das unsere Referentin sein, die in unserer Zeitung abgebildet war?

Vierzehn Tage vergingen, da flatterte ein großer brauner Briefumschlag auf meinen Schreibtisch. Eifrig öffnete ich ihn. Zum Vorschein kamen zwanzig Photos in Postkartenformat, wirklich nett anzuschauen. Die Rechnung lautete auf hundert DM und achtundfünfzig Pfennig inclusiv Mehrwertsteuer. Ich hielt den Preis für angemessen. Was mich aber erschreckte, war folgender Zusatz: Für den Abdruck eines jeden Photos wird ein Honorar von dreißig Mark erhoben.

Teure Bilder, sehr teure Bilder sogar, ging es mir durch den Kopf. Wenn ich mich nicht verkalkuliert habe, kostet der ganze Spaß siebenhundert Mark und achtundfünfzig Pfennig.

Mir war ganz mulmig zumute. Was hatte ich da bloß angerichtet! Wie konnte ich nur so unüberlegt handeln! Rückgängig war dieser Auftrag nun nicht mehr zu machen, ich hatte ja die Bilder bestellt und auch ordnungsgemäß erhalten. Was wird nur mein Mann dazu sagen? Gegen Mittag kam er nach Hause.

»Karl Heinz, wie gut daß du kommst! Mir ist ein schreckliches Mißgeschick passiert. Schimpf mich nur tüchtig aus. Ich könnte mich halb totärgern, daß ich neulich die Photos bestellt habe. Weißt du, was das Ganze kosten soll? Siebenhundert Mark und achtundfünfzig Pfennig. Meine Dummheit tut mir leid, ich könnte darüber heulen. Verzeih mir!« Ich flüchtete mich in die Arme meines Mannes, und die Tränen tropften auf seine Schulter. Seine Hand strich mir über den Kopf. Ich spürte seine Herzlichkeit. »Komm, Lotte, reg dich nicht auf! Es ist jetzt nicht mehr zu ändern. Aber mir fällt eine tolle Idee ein. Weihnachten steht vor der Tür. Ich weiß jetzt, was ich jedem schenken werde. Mutter, Schwiegermutter, Tanten und Onkels, Kinder und Schwiegerkinder erhalten jeder ein Bild von dir, und vielleicht kommen mir noch andere Namen in den Sinn, denen ich ein Photo auf den Gabentisch legen könnte. Hör auf, so niedergeschlagen zu sein, es gibt Schlimmeres«, und bei diesen Worten drückte mich mein Mann an sich.

Wie gut tat mir seine Liebe! Ich schluckte noch ein paarmal, und dann legte sich mein Kummer. Liebe hat heilende Wirkung. Sie tröstet und schenkt tiefe Befreiung. Aus der Enge trete ich wieder ins Weite. Ganz neu begriff ich: Ich darf Fehler machen und werde dennoch geliebt.

Ob der Apostel Petrus eine solche Situation vor Augen hatte als er in seinem Brief schrieb: »Die Liebe deckt auch der Sünden Menge.«

Zwei Bedingungen: 10 Brezeln und ein Mikrofon

Ich hatte mich schon so sehr auf das Wochenende gefreut, war es doch das erste freie seit drei Monaten. Es sollten geruhsame Tage in der Familie werden, jedenfalls hatten wir es so geplant. Endlich mal nach Herzenslust spazieren gehen, ein interessantes Buch lesen und natürlich ausgiebig Gespräche führen. Probleme standen genug im Raum, über die wir uns austauschen konnten. Wieviele Menschen baten mich um Rat, und ich bin froh, wenn ich in meinem Verkündigungsdienst die Unterstützung durch meinen Mann erfahre. Seine seelsorgerlichen Ratschläge sind mir überaus wertvoll.

Aber aus all unseren Plänen wurde nichts. Sie platzten wie eine Seifenblase, und unsere Erwartungen wurden zunichte. Ein Anruf ereilte mich aus Württemberg: »Frau Bormuth, wir haben eine Tagung anberaumt. Es sind schon zahlreiche Anmeldungen eingegangen. Aber nun ist plötzlich der Referent erkrankt. Könnten Sie für ihn einspringen und uns aus der Klemme helfen?«

Ich zögerte und gab dem Prediger zu verstehen, daß ich von mir aus schon gerne kommen würde, zumal mich die Thematik reizte, ich müßte allerdings die Sache noch mit meinem Mann besprechen, was er dazu meint. Später könnte ich zurückrufen und Bescheid geben.

Wie ich schon vermutet hatte, war mein Mann nicht gerade begeistert, als ich ihm von diesem Telefonat berichtete, denn alle unsere Wünsche fürs Wochenende wurden umgestoßen. Aber da ihm die Ausbreitung des Reiches Gottes am Herzen liegt, ließ er mich ziehen. Er stellte mir aber zwei Bedingungen, die ich zu erfüllen hatte:

»1. Du brauchst ein Mikrofon zum Vortragen, ein gutes Mikrofon, denn von der letzten Dienstreise bist du heiser und fast ohne Stimme nach Hause gekommen.

2. Bring für die Kinder und mich zehn schwäbische Brezeln mit.«

Bei diesen letzten Worten zwinkerte er mit den Augen und

erinnerte mich daran, daß er einen guten Leckerbissen nicht verschmäht.

»Du kannst fahren, aber denk vor allem an die 10 Brezeln. Ganz in der Nähe des Freizeitheimes gibt es eine gute, ja ausgezeichnete Bäckerei.« So fuhr ich zu den Schwaben, und beim Vorstellen am Abendbrottisch erzählte ich zur Erheiterung der Teilnehmerinnen, unter welchen Bedingungen mir die Reise gewährt worden war. Alle sahen mich an und lachten belustigt. Eine junge Dame meinte: »Na, wenn's weiter nichts ist als 10 Brezeln und ein Mikrofon, dann lassen sich diese Wünsche leicht erfüllen. Ihr Mann scheint ja sehr bescheiden zu sein.«

Am nächsten Morgen machte ich mich schon ganz früh auf den Weg, um meinen Verpflichtungen nachzukommen. Weit und breit fand sich kein Mensch auf der Straße, den ich nach der Bäckerei hätte fragen können. So winkte ich einem Auto und hielt es an. Ich staune jetzt noch darüber, daß der Fahrer nicht verärgert war über mein Ansinnen und mir bereitwillig Auskunft gab. Ich mußte mich tüchtig abhetzen, bis ich meinen Kauf getätigt hatte, und keuchend kam ich mit meinen beiden Tüten in der Hand noch rechtzeitig zur Gebetsversammlung in den Saal.

Die Frauen aber waren enttäuscht. »Jetzt sind Sie uns doch zuvor gekommen, Frau Bormuth, wir wollten Ihnen die Brezeln besorgen, und somit auch die zweite Bedingung erfüllen, nachdem wir schon am Rednerpult für ein Mikrofon gesorgt haben.«

»An meinem Eifer können Sie sehen, wie wichtig mir die Anweisungen meines Mannes sind. Ich glaube, ich war die erste Kundin heute morgen im Laden. Ich wollte Brezeln um jeden Preis«, gab ich den Frauen zu verstehen.

Daß ich zu Hause mit nur 9 schwäbischen Brezeln ankam, ist mir äußerst peinlich.

Wegen der schlechten Witterungsbedingungen hatte der Zug viel Verspätung. Der Hunger quälte mich, und so konnte ich dem Duft des Frischgebackenen nicht länger widerstehen. Zuerst knabberte ich die Brezel nur ein klein wenig an, brach dann das Mittelstück heraus, und schließlich aß ich sie ganz auf.

»Na, Ihnen schmeckt die schwäbische Spezialität gut«, sagte ein mitreisender Bundeswehrsoldat aus Stuttgart, der wieder zurück in seine Kaserne fuhr, und holte sich seinen Brotsack aus dem Gepäcknetz. So ließen wir uns beide das Schwabengebäck schmecken.

Als ich endlich gegen Mitternacht in Marburg eintraf, stand schon mein Mann auf dem Bahnsteig.

»Hast Du auch Brezeln mitgebracht?« lautete seine Frage, und dabei begrüßte er mich herzlich. »Ja, aber leider sind's nur noch 9, muß ich zu meiner Schande gestehen. Mein Hunger war zu groß.«

»Das macht nichts, Schatz«, nahm mich mein Mann in den Arm, »und wenn wieder einmal eine Anfrage aus Süddeutschland auf deinen Schreibtisch flattert, stell ich dir einen Urlaubsschein unter der Bedingung aus, daß du das Schwabengebäck im Koffer mitbringst.«

Die Geschichte mit den 10 schwäbischen Brezeln ging mir noch lange durch den Kopf. Was habe ich es bei meinem Mann so gut. Er ist uneigennützig, selbstlos. Wenn es um einen Dienst für Gott geht, stellt er alle eigenen Belange zurück und gibt mich frei. Manchen Verzicht muß er dafür leisten. Soll ich nur einiges Wenige aufzählen?

Morgens ist das Bett an seiner Seite leer, und keine Hand greift zu ihm hinüber, die ihn mit einem frohen Guten Morgen wachrüttelt.

Zum Mittagessen bruzzeln unsere Söhne meist etwas »Schnelles«, und nicht immer gelingt das Menü. Neulich hat unser Matthias Kartoffelbrei aus der Tüte anrichten wollen, und dabei ist ihm die Milch angebrannt. Das Zeug schmeckte scheußlich, aber mein Mann verzog keine Miene.

»Matthias, hast du eine neue Geschmacksrichtung kreiert und ausprobiert?« und vom Humor gezeichnet, half er unserem Sohn aus der peinlichen Lage heraus. Wie oft muß mein Mann auf selbstgebackenen Kuchen verzichten, während ich mit Schwarzwälderkirsch und Apfelstrudel verwöhnt werde. Die größte Einbuße erleidet sein Schlaf. Keiner sitzt zu später Abendstunde bei ihm im Wohnzimmer und drängt: »Komm, Karl Heinz, laß uns jetzt endlich ins Bett gehen!« und so bleibt mein Mann weiter am Schreibtisch sitzen und arbeitet Seite um Seite an seiner Dogmatik- oder Ethikvorlesung, bis der Zeiger der Uhr längst über Mitternacht hinausgerückt ist.

So bringt mein Mann kleine und große Opfer für mich und läßt mich zu den Schwaben, Bayern, Friesen ziehen. Ist es da verwunderlich, daß ich ihn für seine Entbehrungen ein klein wenig entschädigen will?

Sobald ich wieder im Musterländle bin, kaufe ich ganz bestimmt wieder Brezeln, und nicht zu wenige, das versprech ich ihm.

Erdbeeren aus Berglen

Am frühen Morgen reißt mich der Wecker aus tiefem Schlaf, und noch vor sechs Uhr stehe ich mit meinem Mann auf der Erdbeerplantage. Wir wollen Schüsseln und Wannen mit diesen herrlichen Früchten füllen. Aber daraus wird nichts. Kaum haben wir begonnen, den Rücken zu krümmen und die Beeren in unsere Gefäße zu pflücken, als plötzlich dunkle Wolken aufziehen und am Himmel die Blitze zucken. Es beginnt sachte zu regnen, und wir flüchten uns ins Auto. Wir beten, das Donnergrollen möge aufhören, denn um neun Uhr muß mein Mann wieder zum Unterricht, aber unsere Bitte bleibt unerfüllt. Ich ärgere mich. Wie konnte ich nur die Anoraks zu Hause hängen lassen. So treten wir nach einer Viertelstunde vergeblichen Wartens den Rückweg an.

Mißmutig sitze ich auf dem Sofa. Das frühe Aufstehen hat mir überhaupt nichts eingebracht. Wann wird mein Mann mal wieder Zeit finden, mich auf die Erdbeerplantage zu fahren. Hätte ich doch bloß auf den Wetterbericht geachtet. Schließlich begebe ich mich an meine Schreibmaschine und beginne mein Soll für den Tag zu erfüllen.

Seit vierzehn Tagen versuche ich nach einem Lehrbuch mir das Tippen selbst beizubringen, aber in mein Manuskript schleichen sich ständig Fehler ein. Ich beginne mit Gott über meinen Verdruß zu reden: »Herr, die siehst, wie ich mit den Minuten oft geizen muß, um mein Arbeitspensum zu schaffen; und nun diese Zeitverschwendung heute morgen auf dem Erdbeerfeld und jetzt bei meinem unkonzentrierten Maschinenschreiben. Ich bin nicht in bester Stimmung, lieber Herr. Heute mache ich dir nicht viel Ehre. Aber es ist schwer, aus diesem Loch des Mißmuts aus eigener Kraft herauszukommen. So will ich dich bitten, vertreib mir die schlechte Laune. Ja lieber Herr, ich bin so unverschämt und bitte dich um eine besondere Freude an diesem verpfuschten Tag. Verdient habe ich sie nicht, aber ich weiß, du mißt die Liebe nicht nach Leistung zu und läßt deine Sonne über Böse und Gute aufgehen. Ich will auf eine Freundlichkeit von dir warten und bin gespannt, wie du handelst.«

Ich reagiere heute wie ein ungezogenes Kind, dem man aber nicht böse sein kann. muß ich denken, oder vielleicht doch?

Ein, zwei Stunden vergehen. Plötzlich klingelt das Telefon. Schwester Elfriede meldet sich:

»Frau Bormuth, die Frauen aus Berglen warten auf Sie. Die Erdbeeren sind reif. Sie sollen kommen und sich Ihre Schüsseln füllen. Sie haben es ihnen versprochen, als Sie zu Gemeindebibeltagen hier waren. Erinnern Sie sich noch?« Und ob ich mich daran erinnere, wurde ich doch liebevoll in diesem Frauenkreis aufgenommen. Drei Tage waren wir beieinander und ließen uns von Gott segnen. Wie herzlich wurde ich nach meinem Dienst verabschiedet. Zwanzig schwäbische Brezeln dufteten in meiner Tasche so gut, daß ich nicht widerstehen konnte und schon mal das Mittelstück einer Brezel herausbrach und anknabberte. Die Brezeln waren das Geschenk der Frauen. Mit Witz und Humor überreichte sie mir der Pfarrer und fügte noch hinzu: »Frau Bormuth, es tut uns leid, daß es jetzt gerade Winter ist. Wären Sie im Juni oder Juli unser Gast, wir hätten Ihnen zentnerweise Erdbeeren und Kirschen mitgegeben«. Scherzhaft meinte ich: »Na, Herr Pfarrer, dann muß ich halt noch einmal im Sommer nach Berglen kommen.«

»Ja, kommen Sie nur, wir würden uns freuen«, lachten die Frauen. Und jetzt war Erntezeit, und die Leute aus Berglen hatten mich nicht vergessen.

Kann mir ein Mensch nachfühlen, wie sehr mich die Liebe dieser Frauen bewegte? Sie standen vom Morgen bis zum Abend auf der Erdbeerplantage, krümmten ihre Rücken, schwitzten in der prallen Sonnenglut, wurden bei Regen bis auf die Haut durchnäßt und dachten doch an mich. Das ist Liebe, herzliche Liebe, unbegreiflich für mich.

Dieser Telefonanruf weckt in mir alle Lebensgeister. Ich bin vom Trübsinn befreit und könnte jubeln vor Freude. Dankbar bin ich für Blitz und Donner heute morgen und für den Tag, der so enttäuschend begann. Denn wie hätte ich Erdbeeren aus Berglen holen können, wenn Marmeladengläser und Gefriertruhe schon voll gewesen wären?

Ich denke auch an mein Gebet. O Gott, was mußt du ein weites und großes Herz haben, daß du das törichte, unverschämte Gebet einer mißlaunigen Hausfrau erhörst und erfüllst.

So richte ich in froher Stimmung Schüsseln und Wannen, denn morgen geht's nach Berglen. Lange kann ich am Abend nicht einschlafen. Ich muß die Erfahrung der Liebe erstmal verkraften. Herr, Gott, wer bin ich, daß du mir soviel Freude gibst, Freude im Schwabenland!

So fahren wir nach Berglen, und die Aufnahme ist wieder herzlich. Im Pfarrhaus werden wir bestens bewirtet. Paprika und Reis munden hervorragend, und die Portion Eis werde ich noch lange im Gedächtnis behalten, so groß war sie.

Dann aber geht's aufs Erdbeerfeld. Gradlinig ziehen sich die langen Reihen kräftiger, buschiger Pflanzen dahin. Unter den grünen Blätter leuchten die herrlichen roten Früchte hervor. Ich werde an ein Gedicht erinnert, das ich in Kindertagen auswendig lernte:

Trinkt, o Augen, was die Wimper hält,
von dem goldenen Überfluß der Welt.

Mein Mann und ich pflücken Beere um Beere. Ich genieße das herrliche Ferienerlebnis im Gegensatz zu den Frauen, die Tag für Tag bei Regen und Hitze auf dem Acker schwer schaffen müssen.

Körbe und Schüsseln füllen sich, und auf der Heimfahrt duftet es im Auto nach Erdbeeren. Im Herzen ist mir wohl.

Berglen und die wunderbaren, roten Früchte werde ich nicht vergessen. Die Liebe dieser Frauen hat mich glücklich gemacht, durfte ich doch die Wahrheit von Hebräer 10,24 spürbar erleben: »Lasset uns untereinander wahrnehmen mit Reizen zur Liebe und guten Werken.«

Und noch eine Erdbeergeschichte will ich anfügen. Sie ereignete sich nur wenige Tage später. Ich sitze im Büro der Telefonseelsorge und tue Dienst. Zehn Stunden sind schon vergangen, denn es ist Urlaubszeit, und so übernehme ich schon mal eine Doppelschicht. Aber die Zeit will mir noch lange werden. Es ist schwül-warm. Für ein paar Minuten gehe ich nach draußen, um mir ein wenig die Füße zu vertreten. Die Tür zum Büro ist weit offen, so daß ich das Klingeln nicht überhöre. Im Hof geht es lebhaft zu. Junge Leute feiern ein Fest. Mit einer Frau komme ich ins Gespräch. Sie ist an der Arbeit der Telefonseelsorge interessiert, und ich erzähle ihr von meiner Aufgabe. Aber plötzlich muß ich die Unterhaltung abbrechen. Das Telefon klingelt, und ich bin ganz Ohr für die Nöte des Anrufenden.

Eine halbe Stunde mag vergangen sein, da klopft es an meine Tür. Die junge Dame, mit der ich mich eben so nett unterhalten hatte, steht vor mir. In der Hand hält sie eine Schale gezuckerter Erdbeeren. »Frau Bormuth, lassen Sie sich die Früchte gut schmecken. Wir feiern und Sie arbeiten, da sollen Sie sich wenigstens ein bißchen stärken. Ich wünsche Ihnen noch einen gesegneten Dienst.«

Wieder erfahre ich die Liebe einer jungen Christin. Ich werde in diesem anstrengenden Dienst am hilfsbedürftigen Menschen gestärkt. Im stillen Gebet segne ich die Spenderin.

Die Liebe Christi und der gemeinsame Auftrag im Reich Gottes verbinden uns, sie als Braut an der Seite eines Predigers und ich als Hausfrau und Mutter im ehrenamtlichen Dienst der Telefonseelsorge. Unser Meister aber ist Jesus, der sich nicht schämte, seinen Jüngern die Füße zu waschen. Er hat ein Zeichen aufgerichtet und deutlich gemacht, was Liebe ist. Sein Wort ermutigt uns: »Ein Beispiel habe ich euch gegeben, daß ihr tut, wie ich euch getan habe« (Joh. 14,15).

Ich will dir danken, Gott

Gott ist verschwenderisch, und seine Liebe zu uns Menschen kennt keine Grenzen. Das zeigt sich auch in der Fülle und Vielfalt der Natur. Wenn ich nur an die Blumenpracht auf einer Frühlingswiese denke oder an die Bäume mit ihren bunten Blättern im Herbst. Im vergangenen Jahr erlebte ich an einem strahlenden Oktobertag den Schwarzwald, und mit dieser Reise war mir ein geheimer Wunsch in Erfüllung gegangen. Schon lange wollte ich dieses schmucke Fleckchen Erde kennenlernen. Als ich das Nagoldtal entlangfuhr, schienen mir meine Augen zu schwach und klein zu sein, um diesen Reichtum zu fassen. Ich konnte mich an dieser Schönheit gar nicht satt sehen.

Vom lichten Grün bis zum dunklen Rot, vom hellen Gelb bis zum kräftigen Braun waren alle Schattierungen vorhanden. Und als ob diese Pracht nicht schon genug sei, tat die Sonne noch ein übriges und tauchte den Herbstwald in ihren strahlenden Glanz. Ich begriff ganz neu, daß Gott bei der Erschaffung der Welt sagen konnte: »Siehe, es war alles sehr gut.«

Oder ich denke an einen Besuch im Edelsteinmuseum. Wie glitzerten, leuchteten, glänzten und funkelten diese kostbaren Juwelen aus unserem Erdinnern. Im stillen bewegte mich der Gedanke: »Herr, wer sind wir, und wer bist du, daß du mit solch wunderbarem Reichtum beglückst und erfreust«. Ich lernte das Staunen, und mein Mund ging über im Loben und Danken.

So könnte ich fortfahren und mich an den Herrlichkeiten der Welt berauschen. Soll ich noch Einiges aufzählen? Die Weite und Schönheit eines winterlichen Sternenhimmels, der kunstvolle Bau eines Ameisenhügels, die Vielfalt unter den Tieren vom Einzeller bis zum Wal, das Aroma und der Duft eines reifen Pfirsichs. Wir brauchen nur ein geschultes Auge, um die Größe der Schöpfung ein wenig zu begreifen. Aber diese Wunder in der Natur nehmen uns in eine große Verantwortung hinein. Bauen und bewahren, das ist der Auftrag von Gott für unsere Erde, und damit sind wir Gott verpflichtet, sorgsam mit diesen reichen Schätzen und Gaben umzugehen.

Die Tat Gottes bei der Erschaffung des Alls wird für uns zu einer Herausforderung, die wir mutig annehmen sollten. Diese Welt ist nicht unser Eigentum, mit dem wir nach eigenem Gutdünken verfahren können – wir dürfen den Reichtum dieser Erde nicht sinnlos verplempern und vergeuden – sondern sie ist anvertrautes Gut, für das wir unserm Schöpfer Rechenschaft schuldig sind. Was haben wir mit seinen Gaben gemacht? Wie sind wir damit umgegangen?

Dabei wird mir bewußt, wie schwer es gerade uns, der Generation des Wirtschaftswunders, fällt, bedachtsam und umsichtig, sparsam und überlegt die Gaben zu gebrauchen, die uns in unsere Hände gelegt sind. Der Fortschritt in der Wissenschaft, die Fülle der neuen Erfindungen, der Aufschwung in der Industrie und im Handel schienen uns vorgegaukelt zu haben, daß fast alles machbar sei, bis wir durch die schleichende, kaum merkliche Wirtschaftskrise eines andern belehrt wurden. Wir sind nachdenklich geworden und wissen, daß jeder Raubbau sich sträflich rächt. Zu gut ist es uns ergangen. Wie ganz anders habe ich die Jahre meiner Kindheit durchstehen müssen. Not, Entbehrung, Hunger und Tod gehörten zu unserem Alltag. Mühsam war der Broterwerb. In den Jahren 1945/46 zogen wir in Scharen in die Wälder, um im Sommer Beeren zu pflücken und im Herbst Bucheckern zu sammeln. Auf den abgeernteten Feldern suchten wir nach Korn- und Weizenähren und stoppelten Kartoffeln. Wie glücklich waren wir, wenn wir unsere Rucksäcke füllen konnten.

Brot war rar und somit heißbegehrt und wie alle andern Nahrungsmittel rationiert. Ich erinnere mich, wie meine Mutter zur Konfirmation aus Roggenmehl einen einzigen Kuchen backte und ihn in kleinen Stückchen an die vielen Gäste verteilte. Ich vergesse auch nicht den Herbst und Winter 1941, wo wir in einem riesigen Flüchtlingslager schrecklichen Hunger litten. Morgens gab es eine Scheibe trockenes Brot und schwarzen Kaffee, mittags einen Schöpflöffel voll dünne Wassersuppe, und was uns am Abend zustand, daran kann ich mich heute gar nicht mehr erinnern. Wir waren ausgezehrt und total abgemagert. Nachts knurrten uns die Mägen: »Mutter, ich will Brot«, so klang der Schrei hundertfach aus heiseren Kehlen. Apathisch lagen wir in riesigen Fabrikhallen auf unseren Pritschen und Stockbetten und waren nur von einem Gedanken umgetrieben: Wo gibt es Brot?

Und dann kam ein Tag, ein eindrucksvoller Tag, ein Festtag. Solange ich lebe, werde ich diesen Augenblick nie mehr vergessen. Jede Familie bekam eine Sonderration zugeteilt, ein mit Puderzucker bestreutes Rosinenbrot. Nie hat mir eine Scheibe Weißbrot so gut geschmeckt wie damals im Umsiedlerlager 1941 in Römerstadt. Ist es da verwunderlich, daß ich heute große Scheu empfinde, hart gewordenes Brot wegzuwerfen? Ich teile es dann in der Familie auf, und wir tauchen es in Kakao oder Milch und essen es auf. Nicht immer verstehen meine Kinder mein Tun. Manchmal mucken sie auch auf. Aber wer den Hunger am eigenen Leib verspürt hat, kann gar nicht anders handeln, er wird mit Ehrfurcht vor der Gabe des Brotes erfüllt. Jedes Stück ist mir wertvoll. Und während ich dies sage, stehen mir die vielen hungernden Kinder aus Äthiopien vor Augen. Der Bildschirm bringt sie uns in unser Wohnzimmer, und sie sterben auf unseren Teppichen.

Angesichts dieser Lebensbedrohung ist es unverantwortlich, wenn wir nicht sorgsam mit den Gaben dieser Erde umgehen. Auch die Energiequellen sind nicht unerschöpflich, und wir wissen, daß z. B. Wasser in manchen Gebieten zur Mangelware geworden ist. So heißt heute das Gebet der Stunde: sparen und teilen.

Der Dank für das tägliche Brot kommt daher für mich aus der Tiefe meines Herzens und wird zur helfenden Tat, wenn ich daran denke, wie gut ich es habe. Es fällt mir dann auch nicht schwer, den Zehnten meines Einkommens Gott als Opfer zur Verfügung zu stellen, zumal unsere Familie selbst einmal in wunderbarer Weise in den Genuß des Zehnten gekommen ist.

Es war im Sommer 1955. Nach Jahren der Heimatlosigkeit hatten wir uns im Hessenland neu ansiedeln können. Mein Vater pachtete Land, und so versuchte er, seine große Kinderschar recht und schlecht durchzubringen. Wir bauten Kartoffeln, Rüben und Korn an. Die Pferde, mit denen wir geflüchtet waren, halfen uns pflügen, säen und ernten. Wir konnten uns sogar ein Ferkel erwerben und zum Schlachten mästen. Auch ein paar Hühner scharrten auf dem Misthaufen und versorgten uns mit Eiern. Eigenes Federvieh zu besitzen, das war ein Traum, den wir jahrelang gehegt hatten. Als wir einmal während unserer langen Lagerzeit ein Huhn geschenkt bekommen hatten, wurde schon die Zubereitung dieses Mahls zu einem Festakt. Vater, Mutter, Tante, Onkel, Cousins und Cousinen und meine Geschwister saßen um den Tisch herum. Das Wasser im Mund lief uns zusammen, der Braten schmeckte ausgezeichnet. Mein Onkel, der mit einem köstlichen Humor gesegnet war, meinte, ohne dabei die Miene zu verziehen: »In Deutschland schmecken die Knochen besser als in Bessarabien - meine Heimat, aus der wir umgesiedelt wurden - das Fleisch.« Was uns jetzt in Hessen noch fehlte, das war Milch für meine noch jüngeren Geschwister.

Eines Tages geschah etwas völlig Unerwartetes. Christen in Amerika hatten von der schrecklichen Flüchtlingsnot erfahren und waren zum Helfen bereit. Sie gaben auch von ihrem Vieh den Zehnten und schickten mehrere Transporte mit Kühen über den Ozean. Freiwillige Helfer, darunter auch einige Pfarrer, begleiteten das Vieh nach Deutschland. Auch meine Familie gehörte zu den Glücklichen, die mit dieser lebenden Spende bedacht werden sollten.

Es herrschte große Freude, als mein Vater das 2000. Rind in Empfang nehmen konnte, und meiner Mutter standen vor lauter innerer Rührung die Tränen in den Augen. Es war ein trächtiges, rotbuntes, gut gepflegtes Tier ohne Makel und Fehl. Im Herbst kalbte unsere »Scheck«, und das Mutterkalb gaben wir in die Hände einer andern Flüchtlingsfamilie. Auf diese Weise konnte auch ihr geholfen werden. Nun hatten wir Milch, gute, fetthaltige Milch, weil Christen unseren Mangel gesehen und kein Opfer gescheut hatten.

Auch diese Erfahrung der tatkräftigen Nächstenliebe hat sich mir tief eingeprägt. Sie wurde mir zur Herausforderung, das Wort Jesu zu beherzigen, das er am Ende der Beispielerzählung vom barmherzigen Samariter uns gebietet: »So gehe hin und tue desgleichen!«

Ja, Gott schenkt verschwenderisch nicht nur in der Natur. Seine Liebe kennt keine Grenzen. Allerdings will sich seine Liebe zu den Menschen auch durch uns zeigen - durch Menschen, die Jesu Liebe oft im Leben erfahren haben - durch mich und durch Sie.

Silvester, ein besonderer Anlaß

Das Programm des Evangeliumsrundfunks flattert wie an jedem Monatsende durch den Briefkastenschlitz, und gespannt blättere ich die Seiten durch. Am Silvesterabend bleiben meine Augen hängen, und ich muß dieser Sendung nachdenken, die unter das Thema gestellt ist: Das Jahr geht still zu Ende.

Wenn ich mich recht erinnere, so ist dies die Anfangszeile eines Liedverses zum Jahresschluß. Sie will mir nicht mehr aus dem Sinn.

Stimmt diese Feststellung eigentlich? Geht das Jahr für viele Menschen still zu Ende in der Ergebenheit unter Gottes Willen?

Ich mache in meinem Leben und im Leben von Freunden und Bekannten oft die gegenteilige Erfahrung. Kein Tag ist so schwer durchzustehen und ist so von Unruhe, Bitterkeit, Hader, Streit und Traurigkeit erfüllt, wie gerade der Festtag, und so auch der letzte Tag im Jahr.

Viele schwerwiegende Probleme brechen an der Schwelle zum neuen Jahr auf, und ich muß gestehen, daß ich in dieser Beziehung keine Ausnahme mache. Meine Bilanz fällt negativ aus, wenn ich das alte Jahr vor Gott bedenke.

Aber ich will von Frau Nowak berichten, so will ich sie hier nennen. Schon recht früh am Morgen ruft sie bei mir an. Sie will sich für die vielen Gespräche bedanken, die wir in der vergangenen Zeit miteinander geführt haben.

»Hätte ich Sie nicht gehabt, liebe Frau Bormuth, ich wäre vor Kummer vergangen.« Ihrer Stimme merke ich die große Traurigkeit an, wenn sie mir von ihrem schweren Geschick berichtet. »Über zwanzig Jahre bin ich nun verheiratet, aber mein Dasein wird immer notvoller. Gewiß, nach außen hin merkt niemand etwas von meinem Elend. Wir gelten als intakte Familie bei unseren Nachbarn, vielleicht sogar als Vorbild; aber was sich in unseren vier Wänden abspielt, ist himmelschreiend. Das Leben hat mir noch nicht viel Schönes geboten. Ahnen Sie, was es bedeutet, mit einem Alkoholiker verheiratet zu sein?

Solange mein Mann zur Arbeit geht, reißt er sich zusammen, aber an Festtagen schlägt er gewaltig über die Stränge. Zu Weihnachten hat er die Uhr von der Wand abgehängt und sie mir ins Gesicht geschleudert, so betrunken war er. Mit Ausreden, ich sei die Treppe heruntergefallen, habe ich mein blaues Auge entschuldigt. Die Schrammen und Beulen an Händen und Beinen verdeckten zum Glück meine Kleider. Ich konnte doch nicht vor meinen Eltern zugeben, mein Mann habe mich verprügelt. Seitdem werde ich die Angst nicht mehr los, mein Mann könne sich wieder vergessen und mir und den Kindern etwas Schlimmes antun. Bitte beten Sie für mich, Frau Bormuth, mir ist so bange vor dem heutigen Abend, was wird er mir an Schrecklichem bringen? Am liebsten käme ich zu Ihnen mit meinen Kindern, würde mit Ihrer Familie die Jahresschlußfeier besuchen und unter Gebet das Neue Jahr beginnen, aber das erlaubt mein Mann nicht. Ich habe Angst, schreckliche Angst. Ich kann mich ihr kaum erwehren.«

Im stillen muß ich mich fragen: Wo bleibt unter dieser Not die Stille, mit der das alte Jahr zu Ende geht?

Oder ich werde an Frau Schmitz erinnert, eine kleine zierliche Frau von dreißig Jahren. Sie besitzt eine wunderschöne Wohnung, die sich zum Feiern regelrecht anbietet. Schon am Tag zuvor hat sie ihre vierjährige Tochter Nicol zu ihrer Mutter gebracht, damit ihr genügend Zeit zur Vorbereitung bliebe. Eine zünftige Silvesterparty sollte starten, hatte doch ihr langjähriger Lebenspartner versprochen, ihr den Verlobungsring noch vor Eintritt ins neue Jahr an den Finger zu stecken. Es wurde ja auch höchste Zeit, daß Nicol einen Vater bekam.

Aber all diese frohen Erwartungen erfüllten sich nicht. Das Fest endete, bevor es richtig begonnen hatte mit einem heftigen Streit. Keiner wußte so recht, wie es dazu kommen konnte. Wahrscheinlich hatte der übermäßige Alkoholgenuß mit dazu beigetragen, daß die anfänglichen Wortplänkeleien zu einem handfesten Streit ausarteten. Die Stimmung war verdorben, und als erster setzte sich Nicols Vater ab. Er sei ja wieder, wie so oft, an allem schuld. Im Ärger ging er und schlug die Tür hinter sich zu. Krachend fiel sie ins Schloß. Die geplante Verlobung war wie eine große Seifenblase geplatzt. Nach und nach verließen auch die anderen Partygäste das Haus. Die

Situation war peinlich geworden, und schmollend saß die verlassene Braut im Kinderzimmer und heulte in die Kissen, während der Bräutigam das Weite gesucht hatte. Der Schock saß tief, und es war gut, daß Steffi, ihre beste Freundin, ihr tröstend beistand. Aber da sie auf den Stadtbus angewiesen war, mußte sie auch gegen Mitternacht aufbrechen.

Fast unberührt standen die köstlichen Speisen auf dem Tisch: Hühnersalat, Fleisch- und Wurstplatten, Spargel mit Schinkenröllchen, Räucheraal und noch vieles mehr. Wein, Bier, Likör und Sekt war in Hülle und Fülle vorhanden. Hier und da war etwas verzehrt worden, aber dieser Streit hatte allen den Appetit verdorben. So war Frau Schmitz zuletzt allein übrig geblieben. Ein, zwei Stunden saß sie im Sessel und stierte ins Leere. Sie litt unter diesem Zerwürfnis. Ihr Leben schien sinnlos geworden zu sein. Nichts wollte ihr gelingen. Nicol würde wohl nie einen Vater bekommen. Alles war bei ihr zum Scheitern verurteilt. In ihrer großen Hoffnungslosigkeit griff sie zu Beruhigungsmitteln und Schlafmitteln und schluckte sie in einer Überdosis. Ruhig und für immer wollte sie einschlafen. Die Glieder wurde ihr immer schwerer, und der Kopf sank auf die Tischplatte herab.

Aber plötzlich packte sie eine Unruhe. Nicol stand ihr vor der Seele. Panische Angst überfiel sie. Nein, nein, um ihres lieben Kindes willen durfte sie nicht aus dieser Welt scheiden. Nicol brauchte sie. Von Qual gepackt schleppte sie sich ans Telefon und rief bei uns an: »Bitte helfen Sie mir, ich habe soeben Tabletten geschluckt«, klang es verzweifelt durch den Hörer. »Wir sind sofort bei Ihnen, Frau Schmitz, schließen Sie schon die Tür auf, wir kommen gleich.«

Wir handelten schnell und brachten die Lebensmüde auf die Intensivstation. Der Magen wurde ausgepumpt. Am nächsten Tag erfuhr ich, daß Frau Schmitz gerettet war. Nie mehr werde ich diese Silvesternacht vergessen, die uns in große Aufregung versetzte.

Gerade so bedeutsame Tage wie der Übergang ins neue Jahr können uns zu einer Herausforderung werden. Wunden, die im Alltag durch Arbeit und Streß verdeckt bleiben, brechen an einem Festtag jäh auf. Resignation und Verbitterung können zu quälenden Peinigern werden, wenn wir ins Grübeln kommen.

Neulich sprach ich mit einem bekannten Ehepaar. Es war geradezu verbittert und verstand nicht, warum die Enkelkinder nicht zu Besuch kommen durften. Schwiegermutterprobleme belasteten das Verhältnis von Jung und Alt und die beiden Töchterchen wurden in diesen Hader mit hineingezogen. Zank und Streit haben zerstörerische Wirkung. Manchmal wird mit einem Schlag alles vernichtet, was in jahrelanger Arbeit aufgebaut wurde. Der Apostel Jakobus kennzeichnet unsere Situation treffend, wenn er schreibt: »Ihr hasset und neidet und gewinnt damit nichts, darum daß ihr nicht bittet« (Jak. 4,2).

So gibt es selbstverschuldetes Leid, das weh tut. An Festtagen wird es besonders schmerzlich empfunden, weil sie von Liebe und Harmonie bestimmt sein sollten.

Ich kenne ähnliche Erfahrungen, und wenn ich am Ende eines Jahres Bilanz mache, stecke ich auch in den roten Zahlen. Die Losung des heutigen Silvestertages paßt genau in meine Lage.

»Hilf du uns, Gott, unser Helfer, um deines Namens Ehre willen. Errette uns und vergib uns unsere Sünden um deines Namens willen« (Psalm 79,9).

Ich weiß um Schuld in meinem Leben. Vielleicht fällt sie nicht gleich so in die Augen der Menschen wie Streit, Haß, Zank. Aber Gottes Augen sind wie Feuerflammen. Ihnen entgeht nichts. Sie durchdringen mein Innerstes und durchleuchten meine Motive. Meine Eigensucht, meine Lieblosigkeit, mein Selbstmitleid, meine Unversöhnlichkeit werden offenbar. Wie schnell ist meine Geduld zu Ende.

Neulich kam sich müde von einer Dienstreise am Bahnhof an. Ich wollte mit meinem Mann telefonieren, er möchte mich mit dem Auto abholen. Aber immer wenn ich unsere Rufnummer gewählt hatte, ertönte das tüt, tüt, tüt. Ich stand auf dem zugigen Bahnsteig und hätte aus der Haut fahren mögen. Über eine halbe Stunde probierte ich, die Verbindung mit zu Hause herzustellen, aber vergeblich. Ich war nicht gerade in bester Stimmung, als ich mich schließlich mit einem Taxi heimfahren ließ und sah, daß unser Sohn mit seiner Braut telefonierte, die hoch im Norden wohnt. »Das wird eine hohe

Rechnung geben«, begrüße ich ihn nicht gerade freundlich.

Als nach einer Weile mein Ärger abgeklungen war, sah die Welt schon wieder ganz anders aus, und ich zeigte Verständnis für seine Liebe. Es stellte sich heraus, daß auch noch der Jüngste der Familie mit einem Klassenkameraden die nächste Lateinarbeit durchgesprochen hatte. Wut, Ärger, Zorn, Ungeduld sind eines Christen unwürdig. Aber wie schwer komme ich gegen diese Mächte an. Mir fehlt es am langen Atem. Ich bin oft mutlos und vergesse, daß ich einen großen Gott habe. Er kann schaffen, was er will, und er hat versprochen, mein Gebet zu erhören. Wie schmälere ich seine Ehre!

Es fällt mir auch nicht leicht, meine Kinder zum Dienst für Gott loszulassen. Gerade in diesen Tagen rief mich unsere Tochter an und sagte, daß sie in die Mission gehen möchte. Gott habe sie berufen. Sobald das Visum eingetroffen sei, werde sie ausreisen. Oft habe ich gebetet: Herr, sende Arbeiter in deine Ernte. Daß die Erhörung dieses Gebets Tränen kostet, gereicht sicher nicht zur Ehre meines Herrn.

Besonders der Abschied von Christinchen, unserm ersten Enkelkind, will mir schwer fallen. Es ist ja gerade erst geboren, und ich werde es sehr vermissen. Wie unaufrichtig ist mein Beten, wenn es nicht durch die Tat gedeckt ist. Im Ringen mit Gott habe ich ein Ja für den Weg unserer Kinder gefunden. Ich bin gespannt, wie Gott sie weiter führen wird. Die Missionsarbeit hat sich in manchen Ländern verschlechtert, so warten sie noch immer auf ihr Visum.

Auf eine Not möchte ich zum Schluß noch eingehen und will sie an einem Beispiel deutlich machen. Vor mir liegt ein Brief aus der Schweiz.

Darin heißt es: »Liebe Frau Bormuth! Haben Sie sich wirklich gefreut, mich kennenzulernen? Waren es nicht nur leere Worte, die Sie allen Menschen sagen, denen Sie begegnen?«

Diese Briefschreiberin hat meine Gefahr richtig erkannt. Sie ahnt, wie leicht mein Durchhaltevermögen erlahmt. Es kann geschehen, daß ich einen Menschen vergesse, dem ich ins Gesicht hinein sagte, daß ich für ihn beten will. Wird es mir gelingen, diese Frau auf ihren nicht leichten Wegen betend zu begleiten? Hat meine Liebe einen langen Atem? Schaffe ich es, sie über Monate und Jahre mit meiner Fürbitte und mit meinem Rat zu begleiten? Mache ich ihre Not zu meiner Not? Das sind bedrängende Fragen. Mein Unvermögen steht mir deutlich vor Augen, und ich kann nicht für mich die Hand ins Feuer legen.

Mit meinem Beten geht es mir wie den Jüngern in Gethsemane: in der entscheidenden Stunde versagten sie und ließen Jesus allein in seinem Todeskampf. Es gibt so viele Verzweifelte, Einsame, Schwermütige, Angefochtene, die Gebetsunterstützung brauchen. Was wäre aus mir geworden, hätten nicht Menschen den Segen Gottes für mich erfleht. Ich weiß um einen treuen Beter, der mich nun schon mehr als dreißig Jahren auf meinem Weg begleitet. Mir bleibt nur der Dank für soviel Einsatz und Opfer; denn Beten erfordert Zeit und Hingabe. So will ich mich üben und für die mir anbefohlenen Menschen die Hände falten.

Mal gelingt es mir, mich an meine Gebetsliste zu halten, dann aber verfalle ich wieder in den alten Trott und werde nachlässig. Der notleidende Nächste verschwindet aus meinem Gesichtskreis und aus meinem Herzen. Ich kreise um mich und um meine Probleme.

Ich habe viel Grund, am Ende eines Jahres demütig vor Gott zu treten und ihn um Hilfe anzurufen. Er möchte mir meine Schuld vergeben und mir um seines heiligen Namens willen alle Sünden verzeihen. Seine Liebe entfache mein kaltes Herz zu neuer Hingabe und wecke Gegenliebe. So komme ich zum inneren Frieden und werde getrost, wenn ich mit allen Christen die Worte der Losung bete:

»Am Ende eines Jahres kommen wir zu dir, Herr, mit allem, was uns bewegt und bedrückt, beglückt und traurig macht, und bergen uns in deiner Nähe; du bist unsere Zuflucht! Bleibe bei uns. Nur bei dir sind wir in allen Ängsten geborgen. Das zu wissen läßt uns froh in die Zukunft blicken. Amen.«

Schweigen, Hören und Reden in der Seelsorge

Den Menschen von heute ist etwas ganz Wesentliches verlorengegangen: das Gespräch, die Begegnung, die Kommunikation miteinander und das Hörer aufeinander. Viele gehen einsam ihren Weg, tragen ihre Lasten und leiden an der Wirklichkeit. So ist das Problem des Unverstandenseins, der Isolation groß.

Aus meinem Dienst in der Telefonseelsorge weiß ich, daß es Menschen gibt, für die wir der einzige Ansprechpartner sind. Vor einiger Zeit rief mich eine alte Dame an. Im November habe sie Geburtstag. 83 Jahre würde sie alt. Ob wir ihr gratulieren könnten? Sie habe sonst keinen Menschen, der sie versteht. Ich habe diesen Termin in großen Lettern auf ein Blatt Papier geschrieben, damit dieses wichtige Ereignis ja nicht vergessen würde. Eine Mitarbeiterin, die an diesem Datum Dienst hatte, hat sie an ihrem Festtag dann angerufen, ihr ein Lied durch den Hörer gesungen, mit ihr gebetet und die Losung gelesen. Diese Freude der alten Dame hätten sie miterleben müssen.

Unter den vielen Anrufen kristallisiert sich die Einsamkeit zum stärksten und belastendsten Problem unserer Tage, und viele körperliche und seelische Leiden haben hier ihren Ursprung. Der Mensch kommt sich verlassen vor, fühlt sich ungeliebt, ja vernachlässigt und findet nicht zum Du des andern. Paulus mahnt uns im Brief an die Römer: »Darum nehmet euch einander an, gleichwie Christus euch angenommen hat zu Gottes Lobe.« Das ist das Ziel unserer mitmenschlichen Beziehungen, zum Lobe Gottes beizutragen, unsern Vater im Himmel zu verherrlichen.

Wie gehen wir miteinander um? In diesem Wort des Paulus an die Römer ist uns eine Norm gegeben, an der wir uns messen lassen müssen. Wie Christus uns angenommen hat, so sollen wir uns auch untereinander annehmen. Jesus ist unser großes Vorbild, er ist der vollmächtige Seelsorger, von ihm können wir lernen, und ein Leben lang werden wir an dieser Lektion arbeiten müssen. So sollte das Ziel in der Seelsorge immer darin bestehen, die Verbindung zu Christus zu festigen oder ganz neu wieder herzustellen, damit er in das Leben der Menschen hineinwirken kann und seine heilenden, stärkenden, aufrichtenden und befreienden Kräfte zum Tragen kommen.

Wenn ich mir die Geschichten im Neuen Testament anschaue und untersuche, wie Jesus in ein helfendes, seelsorgerliches Gespräch mit einem Menschen kommt, dann fällt mir auf, daß er sich nie aufdrängt, sondern behutsam mit zartem Einfühlungsvermögen dem Leidenden, dem Verzweifelten, dem in Sünden Gebundenen begegnet.

Nehmen wir nur als Beispiel die Frau am Jakobusbrunnen. Auge in Auge spricht er mit ihr über die eigentliche Not ihres Lebens, die sie vor den andern Bewohnern des Ortes zur Ausgestoßenen werden ließ. Er führt ihr die Gier nach Liebe, die ihr kein Mensch stillen kann, vor ihre Seele. Jesus sieht ihre ungezügelte Leidenschaft, die sie zum willkommenen Objekt für die Begehrlichkeit der Männer macht. Er erkennt ihre innere Leere, ihren quälenden Durst, den diese ausgestoßene und verachtete Samariterin an ihrer zerrissenen Seele empfindet. Und das ist das erste, was wir in der Seelsorge begreifen müssen: die umfassende Not, die tiefreichende Verletzlichkeit, die blutende Wunde des andern, seinen Schmerz, seine Härte, sein Elend, seine grenzenlose Einsamkeit, seine Verbitterung, seine ewige Verlorenheit.

Wer es mit Menschen zu tun hat, die von der Sünde gezeichnet sind, die an ihrer persönlichen Schuld schwer tragen, die in die Fänge des großen Verderbens geraten sind – und sind wir das nicht alle? –, hat es immer mit dem Verzweifelten, mit dem an Leib und Seele Kranken, mit dem Bedrückten und Niedergeschlagenen zu tun. »Die Sünde ist der Leute Verderben«, sagt uns das Wort Gottes, und aus eigener schmerzlicher Erfahrung weiß ich, wie sehr der Teufel verderben kann, wie er zu Unaufrichtigkeit, zu Überheblichkeit, zu Verzagtheit, zu Betrug und Lüge verführen kann. »Fürchtet euch nicht vor denen, die den Leib töten und die Seele nicht können töten; fürchtet euch aber vielmehr vor dem, der Leib und Seele verderben kann in die Hölle«, mahnt uns Jesus in Matthäus 10,28. So gilt es, mit dem Blick Jesu, mit dem Blick der Liebe und des Verstehens zu handeln, – denn wir sitzen alle im gleichen Boot

– und nicht aus dem Gefühl der Überheblichkeit und Anmaßung heraus, als ob uns solches nicht widerfahren könnte.

Barmherzigkeit ist die Grundlage jeder Seelsorge, und auf dieser Basis gilt es, sich des leidenden, vom Gewissen überführten Menschen anzunehmen. Nur der kann rechter Seelsorger sein, der selbst diesen inneren Zerbruch vor Jesus, dem einzigartigen Seelsorger, durchlitten hat und der, vom liebenden Blick des Heilands getroffen, die Vergebung erlangt hat. Hinzu kommt noch die göttliche Berufung zu diesem Dienst. Sonst könnte es uns so gehen wie denjenigen, zu denen der Herr sagt: »Ich habe sie nicht gesandt, und doch sind sie so geschäftig. Ich habe ihnen keinen Auftrag gegeben, und doch reden sie in meinem Namen. Hätten sie wirklich in meinem Rat gestanden, so würden sie mein Volk ... von seinem bösen Wandel und seinem gottlosen Tun zur Umkehr bringen« (Jer. 23,21ff.).

Von Luther wissen wir, daß er ein stark angefochtener Mann war, deshalb war er auch hervorragend geeignet und befähigt, Angefochtenen beizustehen. Die schwerste Anfechtung war für ihn der Gedanke, Gott könnte ihn als Sünder hassen. Allen, die unter solch düsteren Gedanken litten, schärfte er ein, daß solche Anfechtung vom Teufel kommt, dem es keine Ruhe läßt, wenn Menschen an Christus glauben. »Du mußt dich über solche Anfechtung des Teufels freuen«, schreibt er z. B. an Weller, einen Mann, der sich in seiner Not brieflich an ihn gewandt hatte, »weil sie ein sicheres Zeichen ist, daß Gott dir gnädig und barmherzig ist. In der Anfechtung hat es der Mensch sowohl mit Gott als auch mit dem Teufel zu tun. Sofern Gott am Werke ist, sind die Anfechtungen nützlich. Ohne sie kann niemand Christus kennenlernen. Sie wirken, so betrachtet, nicht als Verderben sondern als Erziehung.«

Luthers Seelsorge richtete sich auch an die körperlich, seelisch, geistig Leidenden. Er nahm sich z. B. Zeit, Kranke zu besuchen. Schweigend saß er an ihrem Bett, war ihnen ganz nahe. Dann fragte er sie nach ihrer Krankheit, nach dem bisherigen Verlauf und nach der Behandlung. Erkannte Luther, daß ein Mensch bereit war, die Krankheit von Gott anzunehmen, sich dem Willen Gottes zu fügen und zum Sterben bereit zu sein, dann lobte er den Kranken und wies ihn auf die Wirkung des Heiligen Geistes hin. Er stärkte die Leidenden und versprach, für sie zu beten. Gefährlich ist es, wenn sich der Kranke niederdrückenden Gedanken hingibt. Man muß gegen die Depression ankämpfen und wie ein in Ketten Gebundener alle Kraft aufwenden, um sich zu befreien. Luther sagt: »Die Pfeile des Teufels lassen sich nicht mit Lachen herausziehen.« So müssen alle Kräfte mobilisiert werden gegen die Schwermut. Menschen, die vom Geist der Depression gequält werden, bedürfen besonders der Seelsorge. Sie sollten auch die Einsamkeit fliehen, denn der Teufel verfolgt seine Opfer am stärksten, wenn sie allein sind. Akut Selbstmordgefährdete darf man keinen Augenblick allein lassen. Man muß sie vielmehr ablenken und ihnen Kurzweil verschaffen.

Arbeit ist auch ein hilfreiches Mittel gegen die Schwermut. Der seelsorgerliche Trost ist deshalb eng mit der Beratung verbunden. Ich kannte einen Pfarrer, der einen depressiven, jungen Mann betreute. Wenn Herr Luchtenberg – so will ich diesen jungen Mann nennen – anrief, von seinen niederdrückenden, quälenden Gefühlen sprach und ihm das Leben wie ein dunkler Tunnel vorkam, aus dem es kein Heraus mehr gab, konnte der Pfarrer zuweilen raten: »Herr Luchtenberg, ich bin ganz für Sie da. Ich habe Zeit. Kommen Sie zu mir zum Gespräch, aber unter einer Bedingung: Kommen Sie zu Fuß durch den Wald und nicht mit dem Bus oder einem Taxi.« Dieser Seelsorger hat weise gehandelt, als er dem Trostbedürftigen einen Fußmarsch von 6 km zumutete. Der Spaziergang durch die frische Luft in der Stille der Einsamkeit sollte Herrn Luchtenberg dazu helfen, sich auf das seelsorgerliche Gespräch vorzubereiten, seine Gedanken auf das Wesentliche zu konzentrieren und sein Leben mit seinen Höhen und Tiefen im Lichte Gottes zu sehen. So kann seelsorgerlicher Rat ganz praktisch angewendet werden und weist eine aktivierende Komponente auf.

Auch das Aufschreiben der Probleme und Kümmernisse kann hilfreich sein. Angesichts depressiver Gedanken kann Luther sogar die Fröhlichkeit befehlen, da die Traurigkeit nicht nur die Gesundheit zerstört, sondern von Gott verboten ist. Gott ist ein Gott der Freude, und er will, daß seine Kinder dieses Glück und diese Freude auch ausstrahlen. Ob diese

Wahrheit durch unsere getrost fröhliche Art zum Ausdruck kommt? So kann Luther gegen Traurigkeit, Verzweiflung und andere Gewissenspein empfehlen: »Iß, trink, suche Gespräche, wenn du dich durch den Gedanken an ein Mädchen stärken kannst, tue das.« Solcher Rat mag uns verwundern, aber für Menschen in großer Verzweiflung ist er doch angebracht, denn die Verzweiflung kann gefährlich, wenn nicht gar lebensbedrohend werden. Der Satan ist ein Geist der Traurigkeit; deshalb gibt es für Luther keine falschen Skrupel gegenüber allem, was Freude macht und mit Dank gegen Gott genossen werden kann. Es gibt nur eine Traurigkeit, die uns Christen erlaubt, die sogar geboten ist: Das ist die göttliche Traurigkeit. Sie wirkt zur Seligkeit eine Reue, die niemand gereut. Die Traurigkeit der Welt aber wirkt den Tod.

Im seelsorgerlichen Gespräch ist das Vertrauen von größter Wichtigkeit. Oft ist der Ratsuchende so in seinen Problemen gefangen, daß er die Wirklichkeit nicht mehr richtig beurteilen kann. In solchen Situationen ist es hilfreich, wenn er dem Seelsorger vertraut und in ihm den Menschen sieht, durch den Gott zu ihm reden will.

Der Teufel zielt besonders auf die Menschen, die Gott ganz hingegeben sind und sich im Dienst für Gott aufopfern. Sie werden stark angefochten und stehen dann in Gefahr, zu sehr auf ihr Unvermögen und auf ihren Mangel zu blicken. Sie vergessen darüber den Herrn, der sie in seinen Dienst genommen hat und letztlich für sie die Verantwortung trägt. Gegen alle Widerstände gilt es am Auftrag Jesu festzuhalten. »Wer seine Hand an den Pflug legt und sieht zurück, der ist nicht geschickt zum Reich Gottes.«

Seine eigenen Schwächen, sein Versagen anzuschauen, die Schwere des Dienstauftrages zu sehr auf sich einwirken zu lassen, das entmutigt uns und legt uns lahm, so daß wir die Brokken am liebsten hinschmeißen möchten. Der Herr ist der eigentlich Handelnde, und wir sind sein Werkzeug. Wir sind schwach, und wir bleiben schwach unser Leben lang, aber wir stehen in der Hand dessen, der seine Kraft gerade in der Schwachheit zur Auswirkung bringt.

Mir ist der Apostel Paulus ein rechtes Vorbild. Dieser große, vollmächtige Heidenmissionar ist in Rom im Gefängnis. Der

Kerker mit seiner Dunkelheit, Enge und Nässe ist seine Behausung. Dazu ist er noch in seiner Zelle an Ketten angeschmiedet. Stellen wir uns nur einen Augenblick diese verzweifelte Situation vor Augen, uns müßte das Grauen und die Angst packen. Alle diese Widerwärtigkeiten hätten ihn zum Verzweifeln bringen müssen. Sein Glaubenswerk war in Gefahr. All das, was er in mühevoller Arbeit und unter Einsatz seines Lebens aufgebaut hatte, war bedroht. Es hätte wie ein Kartenhaus in ein Nichts zusammenfallen können, und all seine Mühe und sein Opfer wären umsonst gewesen. Der leitende führende Kopf der Mission lag eingesperrt in einem winzigen, erbärmlichen Loch, und die junge, gerade im Entstehen begriffene Gemeinde war verwaist zurückgeblieben, den heidnischen Mächten ausgeliefert. Paulus hätte allen Grund gehabt zu resignieren und die Flügel hängen zu lassen. Aber was tut er in dieser Lage? Er nutzt den Augenblick und schreibt Briefe, die von einer großen Innigkeit und Liebe zu Christus und zu seiner Gemeinde getragen sind.

Gerade diese Gefangenschaftsbriefe sind von unschätzbarem Wert, und wie viele leidende Christen haben darin Trost gefunden. Ich zitierte daraus: »Ich danke meinem Gott, so oft ich euer gedenke, welches ich allezeit tue in meinem Gebet und tue das Gebet mit Freuden und bin in guter Zuversicht, daß, der in euch angefangen hat das gute Werk, der wird's auch vollführen bis an den Tag Jesu Christi.« Das ist rechte Seelsorge, hingegebener Dienst, der sich die Arbeit nicht aus der Hand nehmen läßt, auch wenn menschlich gesehen alles aussichtslos scheint. Paulus weiß die jungen Christen in Gottes Hand. Er vertraut dem Herrn, der sein Werk nie halbfertig liegen läßt, sondern alles daran setzt, um seine Leute dem Vater im Himmel vollkommen darzustellen. Christus liebt seine Gemeinde wie ein Bräutigam seine Braut. Er hält ihr die Treue, bis sie einmal allem Erdenleid entrückt, aller Schmach enthoben, allen Widerwärtigkeiten zum Trotz Gott schauen wird in der Herrlichkeit. Das ist Glaubenszuversicht, das ist Hoffnung, die nicht zuschanden wird. Von ihr sollten wir durchdrungen sein. Es ist manchmal so, als habe sich tiefe Resignation wie ein Mehltau auf uns Christen gelegt. Wir sehen nur noch Schwierigkeiten, leben in Ängsten, meinen, die Sache mit Jesus habe doch keinen Zweck. Solche depressive Stimmung ist vom Feind. Gott hat uns sein Wort, sein rettendes Evangelium in unsere Hände gelegt. Christus lebt, und wir haben allen Grund, uns dieser Tatsache zu freuen und mutig und glaubensvoll das Zeugnis von der Errettung zur Zeit und zur Unzeit in diese verlorene Welt hineinzurufen. Noch ist Gnade, noch widerfährt das Heil dem Menschen.

Jeder Mensch, dem ich ein Zeugnis von Christus sage, den ich im Glauben ermutige, mit dem ich um Klarheit für seine Wegführung ringe, mit dem ich die Knie vor meinem himmlischen Vater beuge, den ich in seiner Sündennot anhöre und ihm im Namen Jesu die Vergebung zuspreche, ist in Gottes Hand geborgen, von ihm geliebt und angenommen. Gott setzt alles daran, daß er das Ziel seines Glaubens erreicht. In Johannes 13 heißt es: »Wie Christus die Seinen geliebt hat, die in der Welt waren, so liebte er sie bis ans Ziel.« Wer einem Ratsuchenden, einem leidenden Bruder, einer verzagten Schwester unter diesem Blickwinkel der Liebe Jesu begegnet, darf mit der Vollmacht Christi rechnen. Einem jeglichen geschehe nach seinem Glauben. Das gilt auch für unser missionarisches Zeugnis in der Seelsorge.

Ich will von Ines berichten. Als ich 1955 mein Studium der Theologie in Marburg aufnahm, kam ich in Kontakt mit der SMD, einer christliche Organisation, die es sich zur Aufgabe macht, Studenten an der Universität für Christus zu gewinnen. Es war ein lebendiger Kreis, in dem ich mich wohl fühlte und von dem ich mich durch das gemeinsame Mittagsgebet und das regelmäßige Bibelstudium getragen wußte. Die Atmosphäre war herzlich und von der geschwisterlichen Liebe bestimmt. Es ging mir wie den Jüngern auf dem Berg Tabor, die sagten: »Hier ist's gut sein, hier laßt uns Hütten bauen.«

Aber diesem Wunsch und dieser Sehnsucht wurde nicht entsprochen. Schon bald wurde ich zur Mitarbeit herangezogen, und da wir nur ganz wenige Mädchen waren, wurde mir die Aufgabe zugeteilt, mich um die Studentinnen zu kümmern. Für die, die Gott mir aufs Herz legte, sollte ich beten, sie in den Vorlesungen ansprechen und sie zu evangelistischen Vorträgen einladen. Dr. Fritz Laubach, der damals die Gruppen an der Universität als Reisesekretär betreute, wies mich in die neue Aufgabe ein. Wenn sich dann eine Studentin bekehrte, so sollte ich mich jeden Tag mit ihr treffen, einen Abschnitt aus dem Johannesevangelium lesen und mit ihr beten.

Ich habe vor dieser großen Verantwortung gezittert, und mein Glaube war nicht gerade kühn und wagemutig. Ich hätte wie Jeremia sagen können: »Ach Herr, ich tauge nicht, denn ich bin zu jung.« Aber ich wollte Gott gehorsam sein und den Dienst tun, der mir befohlen war. Ich handelte genauso, wie mir Dr. Laubach gesagt hatte, und durch das Vorbild und den Eifer der andern Mitarbeiter angesteckt, machte ich mich ans Werk.

Ines war die erste Studentin, die mir von Gott aufs Herz gelegt wurde. Für ihre Errettung betete und glaubte ich. Sie studierte Latein und Theologie, war äußerst begabt, ein freundliches, nettes Mädchen, das aber sehr stark unter Heimweh litt. Gleich am ersten evangelistischen Vortragsabend, den Pfarrer Erich Schnepel hielt, kam Ines zum Glauben. Ich betreute sie, wie es mir aufgetragen war. Jeden Tag lasen wir beide ein Kapitel im Johannesevangelium und beteten miteinander. Viele Gespräche über den Glauben und das Reich Gottes schlossen sich an. Zwei, drei Semester studierten wir zusammen, dann aber trennten sich unsere Wege. Ich wurde von der Studentin zur Hausfrau umfunktioniert, und Ines schloß ihr Examen mit Erfolg ab und wurde irgendwo in Norddeutschland Pfarrerin in Amt und Würden. Vergessen habe ich Ines nicht. Immer wieder betete ich für sie und fragte mich insgeheim, wie wohl ihr Weg mit Jesus weitergegangen sei.

Eines Tages erreichte mich ein Brief über die Blättermission. Die Blättermission ist ein Zweig in unserer Arbeit im Diakonieverband, die es sich zur Aufgabe gemacht hat, evangelistische Traktate herauszugeben. Ich beteiligte mich daran. In dem Brief schrieb eine Krankenhausseelsorgerin folgendes: »Sehr geehrte Herren! Ich habe meinen Patienten, die ich betreue, eine Reihe von Schriften ausgehändigt, unter anderem auch Schriften von L. Bormuth. Ich kannte als Studentin ein Fräulein Lotte Hannemann. Sie war mit einem Herrn Bormuth befreundet. Ich vermute, daß es sich um dieselbe Person handelt. Wäre es Ihnen möglich, mir die Anschrift mitzuteilen? Freundliche Grüße, Ihre Ines ...«

Natürlich habe ich mich über diese Nachricht sehr gefreut und habe Ines gleich geschrieben. Seither stehen wir in Briefwechsel miteinander. Ines hat manche schwere Lebensführung hinter sich. Aber Gott hat sie gehalten und ihr den Glauben bewahrt. Das macht mich froh. Es ist wahrhaftig, was Jesus uns sagt: »Wie Jesus die Seinen geliebt hat, die in der Welt waren, so liebte er sie bis ans Ziel.«

Es war ein zaghafter Anfang, den Ines im Hörsaal mit Christus wagte. Ich durfte sie ein Stück weit begleiten. Damals lernte ich die ersten Schritte in der Seelsorge, und Ines war die Frucht meiner Bemühungen, die ich bewußt miterlebte. Dieser Auftrag an dieser Studentin geschah in großer Schwachheit. Aber ist dies nicht Gottes Absicht? Er will unsere Schwachheit gebrauchen, damit die Ehre und der Ruhm ihm allein gebühren und er verherrlicht werde. Ausschlaggebend ist unsere Liebe zum Herrn und zu den noch christusfernen Menschen.

Lassen Sie mich einige Gedanken zum Schweigen in der Seelsorge sagen. Gerade in der Telefonseelsorge mache ich die Erfahrung, daß sich viele Anrufer schwer tun, ihre Nöte in Worte zu fassen. Einmal erlebte ich, daß ich kurz hintereinander 6 Schweigeanrufe bekam. Das sind Anrufe, bei denen der Anrufer kein Wort äußert und nach geraumer Zeit wieder auflegt. Sechsmal klingelte das Telefon, ohne daß sich ein Mensch verbal äußerte. Ich mühte mich, ihn zum Sprechen zu bewegen, aber ohne Erfolg. Ich vermutete, daß es sich um ein und denselben Anrufer handelte, was sich auch später bestätigte. In den Telefonpausen betete ich für diesen großen Zögerer. Erst beim siebten Anlauf überwand die junge Frau – eine Angestellte im öffentlichen Dienst – ihre Scheu, und stockend brachte sie ihr Problem zur Sprache. Sie litt an einer schweren Nervenerkrankung, die sie in letzter Zeit daran hinderte, ihrer Arbeit nachzukommen. Eine falsche medikamentöse Behandlung, wie sie mir sagte, habe ihr Aussehen stark beeinträchtigt. Sie sei total abgemagert und bestehe nur noch aus Haut und Knochen. Sie leide unter ihrem Äußeren und traue sich nicht mehr unter Menschen. Nur noch bei Dunkelheit wage sie einen Spaziergang im Garten. Man kann sich lebhaft vorstellen, wie entsetzlich einsam diese junge Dame geworden ist. Der Leidensdruck war so stark, daß sie sogar von Selbstmordgedanken geplagt war. In dieser Situation überfiel sie die Angst, sie könne in einen unzurechnungsfähigen Zustand verfallen und dann Hand an sich legen. So griff sie zum Telefon.

Ich brauchte viel Geduld, nahm lange Schweigezeiten in Kauf, ermutigte sie immer wieder, sie dürfe bei mir auch ins Unreine reden, ich habe viel Zeit und verstehe sie, auch wenn ihre Worte nur zögernd über die Lippen kämen. 1 1/2 Stunden dauerte das Gespräch. später nannte ich ihr die Nächte, an denen ich wieder Dienst hätte, so daß sie ihr Gespräch fortsetzen könne. Diese junge Dame gewann Vertrauen zu mir, und schließlich vereinbarten wir einen Termin, wo wir uns persönlich begegnen konnten. Fräulein Hoffmann, so will ich diese Angestellte nennen, klingelte kurz an unserer Tür. Abgehackt und stockend erreichten mich ihre Worte. Es war recht mühsam, ihren Ausführungen zu folgen. Das kannte ich ja schon von den Telefonaten her. Sie redete mit ihrer Flüsterstimme, kaum hörbar, so daß ich immer wieder nachfragen mußte: »Wie meinen Sie das?« – »Können Sie das näher erläutern?« Fräulein Hoffmann war recht passiv, schwieg über weite Passagen, fing einen neuen Satz an, hörte aber mittendrin wieder auf, setzte von neuem an, erklärte mir: »Ich will doch lieber schweigen«, und ich hatte bei diesem Gespräch viel Mühe, ihr zu folgen. Vielleicht war das auch ein taktisches Spiel, um meine ganze Zuwendung herauszufordern.

So gehört zum seelsorgerlichen Gespräch viel Geduld, viel Einfühlungsvermögen in die Situation des Ratsuchenden, das betende Hören und Reden und die handfeste Tat. In Jesaja 50,4 und 5 steht folgende bedeutsame Aussage: »Der Herr hat mir eine gelehrte Zunge gegeben, daß ich wisse, mit dem Müden zur rechten Zeit zu reden. Er weckt mich alle Morgen, er weckt mir das Ohr, daß ich höre wie ein Jünger. Der Herr hat mir das Ohr geöffnet; und ich bin nicht ungehorsam und gehe nicht zurück.«

Seelsorge ist Schwerstarbeit, und ich fühle mich nirgends so abhängig von Gott wie gerade in den Stunden, wo Menschen mich um eine Aussprache bitten. Deshalb bereite ich solche Begegnungen auch immer durch intensives Beten und Bibellesen vor und freue mich, wenn der Herr Gelingen schenkt. Hier bei dieser Anruferin ist es sogar gelungen, sie aus der Isolation herauszuholen. Sie blieb nicht mehr den ganzen Tag im Bett liegen, sondern stand morgens auf, kleidete sich an und war auch zum Einkaufen und zu leichter Arbeit zu bewegen. Später fuhr sie sogar zu einer christlichen Freizeit und berichtete mir dankbar, wie gut ihr diese Tage unter dem Wort Gottes getan haben.

Eine gelehrte Zunge, die wisse, mit dem Müden zur rechten Zeit zu reden, ist Gabe von Gott. Aber auch das andere ist nötig, das in diesem Jesajawort zum Ausdruck kommt: das von Gott geweckte Ohr, daß ich höre, wie ein Jünger hört. Das Hören und Schweigen muß gelernt werden, genauso wie das Hören und Reden.

Ein Großteil der seelsorgerlichen Gespräche befaßt sich mit dem Thema der Lebensbewältigung. Dabei steht an erster Stelle das Problem der Einsamkeit. Ihr folgt die Not der vielen Menschen mit psychischen Belastungen. Aber auch Ehenöte, partnerschaftliche Fragen und Erziehungsprobleme werden vor dem Seelsorger aufgerollt. Immer seltener wird das Beichtgespräch, und diese Feststellung sollte ein Alarmzeichen für uns Christen sein. Die Frage Luthers: Wie finde ich einen gnädigen Gott?, scheint vergessen zu sein. Der Ernst, die Heiligkeit, der Zorn Gottes bedrängen uns Christen nicht mehr. Wir haben uns allzusehr an den Gott der Liebe und Vergebung gewöhnt, als daß wir über unsere Schuld bis ins Innerste erschüttert würden. Wir haben es verlernt, mit dem Psalmisten zu rufen: »Wohl dem Menschen, dem der Herr die Missetat nicht zurechnet, in des Geist kein Falsch ist. Denn, da ich's wollte verschweigen, verschmachteten meine Gebeine durch mein täglich Heulen. Denn deine Hand war Tag und Nacht schwer auf mir, daß mein Saft vertrocknete, wie es im Sommer dürre wird. Darum bekannte ich dir meine Sünde und verhehlte meine Missetat nicht. Ich sprach: Ich will dem Herrn meine Übertretungen bekennen. Da vergabst du mir die Missetat meiner Sünde« (Ps. 32,1–5).

Gott fordert die Wahrheit, das Herz und Mark unseres Seins. Mit nichts Geringerem wird er sich zufrieden geben. Der Erlöser will eine ganz enthüllte Seele sehen, und die

Sünde muß ihren Namen bekennen. Aus eigener Erfahrung kenne ich die Angst, das Zittern, offen im Beisein eines Seelsorgers über meine Schuld zu reden. Aber ich will es in diesem Punkt mit Luther halten, der sagt: »Die ganze Kirche ist voller Vergebung der Sünde.« Sie wird erfahren in der privaten Beichte und Absolution, »da einer dem andern beichtet und nimmt ihn allein auf einen Ort und sagt ihm, was ihm anliegt, auf daß er von ihm höre ein tröstlich Wort.«

Und bei einer andern Gelegenheit schreibt Luther: »Aber dennoch will ich mir die heimliche Beichte von niemand lassen nehmen und wollte sie nicht um der ganzen Welt Schatz geben. Denn ich weiß, was Trost und Stärke sie mir gegeben hat. Es weiß niemand, was sie vermag, denn wer mit dem Teufel oft und viel gefochten hat. Ja, ich wäre längst vom Teufel erwürgt, wenn mich nicht die Beichte erhalten hätte.«

Liegt hier vielleicht der Grund, daß es so viele kranke, müde, zerschlagene Kinder Gottes gibt, weil sie von der Wohltat der Beichte keinen Gebrauch machen und sich lieber am Ballast ihrer Sünde totschleppen anstatt unter dem Kreuz Christi ihre Schuld abzuladen? Mit einem ermutigenden Beispiel will ich schließen.

Frau Herzog (der Name wurde geändert) ruft mich an und bittet mich um ein persönliches Gespräch. Wir vereinbaren einen Termin, und so steht sie am Dienstag abend vor meiner Tür. Ihr äußeres Gehabe verrät die Bedrückung, unter der sie leidet. »Ach, wissen Sie, Frau Bormuth«, beginnt sie das Gespräch, »bei mir liegt alles schief. Ich weiß nicht aus noch ein. Gesundheitlich geht es mir schlecht, ich muß immer noch die Folgen des schrecklichen Unfalls tragen. In meiner Firma komme ich mit meinem Chef nicht klar, ich habe auch schon überlegt, meine Stelle zu wechseln, aber Sie wissen selbst, was für Probeme damit verbunden sind. Mein Sohn macht mir Sorgen. Mit seinem Motorrad fährt er wie ein Wilder durch die Gegend. Wenn er fortfährt, bange ich jedesmal, ob er wohl gesund wieder nach Hause kommt. Ich bin so müde, so kaputt, ja ausgemergelt. Ich glaube, ich packe das Leben nicht mehr. Was soll ich nur tun?«

Ganz zusammengesunken sitzt diese noch junge Frau und Mutter von drei Kindern vor mir. Ich schweige lange und denke diesen Nöten nach. »Frau Herzog, sagen Sie mir bitte, was macht Ihnen am meisten zu schaffen?« – »Das ist ja gerade mein Kummer. Das, was mir am meisten Not macht, kann ich Ihnen nicht sagen, Frau Bormuth. Zu sehr schäme ich mich darüber.« – »Vor mir brauchen Sie sich nicht zu schämen, Frau Herzog, ist sitze mit Ihnen im gleichen Boot, ich weiß um meine Verderbnis und kenne meine sündige Art. Sprechen Sie ruhig aus, was sie belastet«, ermutige ich die junge Frau. Ich lasse ihr Zeit und sitze still da.

Dann kommt es gequält über ihre Lippen: »Es war vor einem halben Jahr. Ich habe mich maßlos über meinen Chef geärgert. Seine arrogante Art hat mich tief verletzt. Ich wollte mich an ihm rächen, und aus großer Verbitterung habe ich dann Sachen aus der Fabrik heimlich mitgehen lassen. Ich weiß, es war nicht recht, aber in meiner Wut wußte ich nicht, wie ich es ihm anders hätte heimzahlen können, daß er mich so vor den andern demütigte. Zu Hause stehen die mitgenommenen Dinge herum. Sie klagen mich an. Ich weiß keinen Ausweg mehr.«

»Frau Herzog, sprechen Sie doch mit ihrem Chef und bringen Sie die gestohlenen Gegenstände wieder in die Fabrik zurück.« – »Frau Bormuth, wenn ich das tue, dann bin ich verloren. Ich werde auf der Stelle gefeuert. Das kann ich mir nicht erlauben.« – »Soll ich denn mit dem Chef reden und die Dinge in Ordnung bringen und sie dem Chef abliefern?«

»Nein, auf keinen Fall. Mein Chef wird wissen, daß es sich um mich handelt. Nein, nein, auf gar keinen Fall.« – »Liebe Frau Herzog, wenn Sie nicht bereit sind, diesen Diebstahl zu bereinigen, dann hat jedes weitere Reden keinen Zweck. Ich kann Ihnen nicht helfen.«

So beendete ich das Gespräch, schrieb aber noch zwei Gottesworte auf einen weißen Bogen: »Die Sünde ist der Leute Verderben. Aber dem Aufrichtigen läßt es der Herr gelingen.« Schweren Herzens begleitete ich Frau Herzog bis an die Tür. Wir haben noch nicht einmal miteinander gebetet, und mir war ganz elend zumute. Noch lange nach diesem Abend quälte mich die Frage: Habe ich richtig gehandelt?

Es vergingen ungefähr drei, vier Monate. Wieder klingelte das Telefon. »Frau Bormuth, ich bin's, Frau Herzog. Ich wollte

Ihnen nur sagen, daß ich mit meinem Chef gesprochen und das gestohlene Gut zurückgebracht habe. Der Chef hat mich auf der Stelle nach Hause geschickt, wie ich es vermutet hatte. ‚Frau Herzog, Sie sind vorläufig beurlaubt. Sie werden noch von mir hören'. Nach drei Tagen rief er noch einmal an. ‚Frau Herzog, Ihre Ehrlichkeit hat mich tief beeindruckt. Ich verzeihe Ihnen alles. Bitte, kommen Sie morgen wieder zur Arbeit'.

Was bin ich froh, daß dieser Druck auf meinem Gewissen weg ist. So hätte ich nicht weiterleben können.«

Ich war auch erleichtert und dankte Gott für sein Wirken und Helfen. Wieder verging ein Vierteljahr. Ich sitze eines Morgens auf der Eckbank und lese die Tageszeitung. Plötzlich lese ich unter den Todesanzeigen den Namen Waltraut Herzog.

Ich kann es nicht fassen.

Später erfahre ich die näheren Umstände, die zu diesem plötzlichen Tod führten. Frau Herzog hatte sich am Morgen fröhlich von ihren Kindern und dem Mann verabschiedet und war zur Arbeit gefahren. Gegen Mittag bekam sie heftige Schmerzen. Der Notarztwagen brachte sie noch in die Klinik, wo sie sofort operiert wurde. Aber die inneren Blutungen waren nicht mehr zu stillen, und so starb sie unter den Händen der Ärzte. Es war eine erschütternde Beerdigung. Keiner konnte begreifen, daß dieser fröhliche Mensch nicht mehr unter den Lebenden weilen sollte. Der Ehemann brach am Grab zusammen, und die Kinder weinten laut.

Mich aber tröstete die Gewißheit, die Johannes, der Schreiber der Offenbarung, in folgende Worte faßt: »Christus hat uns geliebt und uns gewaschen von den Sünden mit seinem Blut, und er hat uns zu Königen und Priestern gemacht vor Gott und seinem Vater. Ihm sei Ehre und Gewalt von Ewigkeit zu Ewigkeit. Amen.«

Der Mensch im Erlebnisfeld von Schuld und Vergebung

Ich will zu Beginn eine Geschichte aus dem Leben Davids erzählen. Er gilt ja als einer der Großen und regierte das Volk Israel von 1012–972, also genau 40 Jahre. Dieser König stand unter dem besonderen Segen Gottes. Er erlebte Höhen und Tiefen, und seine Lieder in den Psalmen sind beredter Hinweis, wie er Gott erfuhr. Wir sollten immer wieder in stillen Stunden uns die Psalmen zu Gemüte führen und uns ihrem Ernst und ihrem Trost aussetzen. Sie sind von unschätzbarem Wert, und sie enthalten Zuspruch und Ermutigung, aber auch Ermahnung und Zurechtweisung.

Die Geschichte, die ich erzählen will, wird uns im 11. und 12. Kapitel des zweiten Samuelbuches berichtet. Sie zeigt, wie verdorben das Herz des Menschen ist, wozu er fähig ist, wie abgründig und schamlos sein Verhalten sein kann. An diesem großen, israelitischen König, der Gott in sein Leben einbezogen hat, der heldenhafte Taten vollbrachte, der den Riesen Goliath bezwang, der Wunderbares mit Gott erlebte, wird zugleich die Macht der Verführung und Sünde deutlich.

Während seine Krieger in der vordersten Front kämpfen, weilt er zu Hause in seinem Palast und genießt die schönen Stunden. Am Abend geht er auf das Dach des Königshauses und sieht eine Frau baden. Er ist von ihrer Schönheit fasziniert. Seine Augen weiden sich an ihrem makellosen Körper und werden zum Einfallstor für die Lust und Triebhaftigkeit. An David bewahrheitet sich, was Jakobus im Neuen Testament folgendermaßen sagt: »Ein jeglicher wird versucht, wenn er von seiner eigenen Lust gereizt und gelockt wird. Danach wenn die Lust empfangen hat, gebiert sie die Sünde, die Sünde aber, wenn sie vollendet ist, gebiert sie den Tod« (Jak. 1,14–15).

Wie treffend schildert Jakobus die Situation des David. Der Anblick der schönen Bathseba weckt seine Begehrlichkeit. Er ist nur von diesem einen Gedanken besessen: Diese Frau muß er haben, koste es, was es wolle. Er setzt sich über alle ethischen und moralischen Wertmaßstäbe hinweg und läßt Bathseba in den Königspalast holen. Von der Versuchung übermannt, mißbraucht er sie und begeht Ehebruch. Leichtfertig verachtet er Gottes Gebot. An David zeigt sich, wie eine Sünde die andere nach sich zieht. Es gibt eine Kettenreaktion der Sünde: die Lust reizt zur Verführung, die Verführung endet im Ehebruch, der Ehebruch führt zum Mord, denn Uria, der Mann Bathsebas, steht David im Weg.

Raffiniert fädelt der König seinen Plan ein, um Bathseba zu eigen zu bekommen. Er befiehlt, daß Uria an vorderster Front eingesetzt wird und dort zu Tode kommt. Bathseba ist dann sein eigen. Er selbst macht sich die Hände nicht schmutzig, aber sein Gehirn heckt teuflische Pläne aus. Seine List, seine Hinterhältigkeit, seine Tücke sind nicht zu überbieten.

Und nun geschieht das Unbegreifliche: Gott läßt seinen berufenen König nicht einfach ins Verderben laufen, nein, er gebietet ihm Einhalt und schickt ihm den Propheten Nathan in den Weg. Mit einer packenden Gleichniserzählung vom Armen und Reichen wird David von seiner Sünde überführt. Ich zitiere diese wenigen, aber bedeutungsvollen Verse: »Und der Herr sandte Nathan zu David. Da der zu ihm kam, sprach er zu ihm: Es waren zwei Männer in einer Stadt, einer reich, der andere arm. Der Reiche hatte sehr viele Schafe und Rinder; aber der Arme hatte nichts denn ein einziges kleines Schäflein, das er gekauft hatte. Und er nährte es, daß es groß ward bei ihm und bei seinen Kindern zugleich; es aß von seinem Bissen und trank von seinem Becher und schlief in seinem Schoß, und er hielt es wie eine Tochter. Da aber zu dem reichen Manne ein Gast kam, schonte er zu nehmen von seinen Schafen und Rindern, daß er dem Gast etwas zurichtete, der zu ihm gekommen war, und nahm das Schaf des armen Mannes und richtete es zu dem Mann, der zu ihm gekommen war. Da ergrimmte David mit großem Zorn wider den Mann und sprach zu Nathan: So wahr der Herr lebt, der Mann ist ein Kind des Todes, der das getan hat! Dazu soll er das Schaf vierfältig bezahlen, darum daß er solches getan und nicht geschont hat. Da sprach Nathan zu David: Du bist der Mann! So spricht der Herr, der Gott Israels: Ich habe dich zum König gesalbt über Israel und habe dich errettet aus der Hand Sauls. Warum hast du denn das Wort des Herrn verachtet, daß du solches

Übel vor seinen Augen tatest? Uria, den Hethiter, hast du erschlagen mit dem Schwert; sein Weib hast du dir zum Weib genommen; ihn aber hast du erwürgt mit dem Schwert der Kinder Ammon... Da sprach David zu Nathan: Ich habe gesündigt wider den Herrn. Nathan sprach zu David: So hat auch der Herr deine Sünde weggenommen, du wirst nicht sterben.«

So handelt Gott. Er schaut vom Himmel auf uns Menschen herab, behält uns im Auge, leidet mit uns, wenn er sieht, wie wir in die Irre gehen und uns im Netzwerk der Sünde verstrikken, so daß wir uns nicht allein daraus befreien können. Gott schickte David den Propheten Nathan in den Weg, uns aber hat er seinen einzigen Sohn, Jesus Christus, gesandt, damit unserm Untergang gewehrt werde.

Sünde besteht nicht nur in einer bösen, gemeinen Tat, sondern hat ihren Ursprung in der Loslösung des Menschen von seinem Schöpfer. Da wo sich das Geschöpf von seinem Schöpfer unabhängig macht, gewinnt ein anderer Gewalt über ihn, nämlich Satan, und der ruht nicht eher, bis der Mensch zu Fall gebracht ist.

Wir sind von Gott zu seinem Gegenüber geschaffen. Er will mit uns reden, will mit uns Gemeinschaft haben, will uns lieben, und wir sollen ihn wieder lieben. Aber genau diese enge Bindung und Beziehung schüttelt der Mensch ab. Er verweigert Gott den Gehorsam und folgt den verführerischen Plänen des Diabolos, des Durcheinanderbringers. Der Prophet Jeremia bringt diesen Tatbestand in einem treffenden Bild zum Ausdruck, wenn er Gott verzweifelt ausrufen läßt: »Mich, die lebendige Quelle, verlassen sie und machen sich hie und da ausgehauene Brunnen, die doch löchrig sind und kein Wasser geben« (Jer. 2,13).

Wie oft begegnen mir in der Seelsorge Menschen, die ausgemergelt, verzweifelt, ohne Hoffnung leben, weil sie an diesen ausgehauenen Brunnen herumlungern und ihren Lebensdurst stillen wollen. Und habe ich nicht schon selbst in dieser trostlosen dürren Wüste – um mit diesem Bilde zu sprechen – nach Wasser gegraben und habe die blühenden Oasen, die Gott mir in seiner Gemeinschaft anbietet, außer acht gelassen? Mit welchen Mitteln stille ich meinen Durst? Gehe ich zur Quelle des Wortes Gottes? Suche ich das stille Zwiegespräch mit meinem Herrn? Es gibt Menschen, die versuchen ihre Nöte und Probleme mit Hilfe von Wahrsagern und Kartenlegern zu lösen. Wieviele lassen sich auf das Horsokop ein und gehen zu Besprechern! Der Teufel ist ein großer Verführer und Menschenschinder. Er stiert gierig nach uns, will uns in seine Fänge ziehen, und weh dem, der ihm ins Netz geht. Jesus selbst erhebt warnend seine Stimme und mahnt seine Jünger: »Simon, Simon, siehe, der Satan hat euer begehrt, daß er euch möchte sichten wie den Weizen; ich aber habe für dich gebeten, daß dein Glaube nicht aufhöre« (Luk. 22,31–32).

In diesem Wort zeigt uns Jesus einen Ausweg aus unserer Misere. Es gibt eine Befreiung aus der Macht Satans. Gott hat sich in Jesus Christus auf den Weg gemacht, um das Verirrte, das Verwundete, das Verstörte zu suchen. Der Ruf Jesu durchdringt diese Welt, und wer ihn hört, ihn befolgt, wird gerettet werden. Da erlebt der Mensch die Stunde seiner Wiedergeburt, wo er sich bewußt an Christus ausliefert und sich seiner Herrschaft unterstellt.

Wie froh wurde ich, als ich Jesu Reden vernahm, in meinem verkehrten Weg inne hielt, und Christus mein Herr wurde. Seit meiner Bekehrung darf ich Gottes Kind sein. Es ist mir auch immer wieder eine große Freude, wenn ich erlebe, wie Menschen dem Banne des Teufels entrissen werden und die Gewißheit erfahren, daß sie gerettet und heil sind.

Von einer Frau will ich berichten. Es war in Österreich, und die Geschichte die ich erzählen will, ist kein Geheimnis. Sie ging durch viele Zeitungen und sorgte für Schlagzeilen. Ich hatte auf einer Tagung zu sprechen, und Gott schenkte einen inneren Aufbruch, wie ich ihn nur ganz selten erlebe. Nach den Vorträgen kamen viele Frauen und baten mich um ein seelsorgerliches Gespräch. Auf dem Flur standen sie und warteten geduldig, bis ich Zeit für jede einzelne fand. Bis weit in die Nacht dauerten die Aussprachen.

Eine Frau in den mittleren Jahren klopfte und sagte mir gleich an der Tür, ich müsse Geduld haben, da sie weit ausholen müsse. Ihre Probleme reichten bis in die frühe Kindheit zurück. Ich lasse sie hier selbst zu Wort kommen:

»Es war kurz vor Kriegsende 1944. Alles war im Aufbruch

begriffen. In unserer Stadt herrschte ein wahres Chaos. Ich war damals ungefähr fünf Jahre alt. Eines Abends drangen plötzlich mehrere Männer mit Schlagstöcken und Messern bewaffnet in unser Haus ein. Mein Vater wurde vor den Augen der Mutter und uns Kindern gefangen genommen und brutal mißhandelt. Sie schlugen auf ihn ein, stießen ihn zu Boden, trampelten mit ihren schweren Stiefeln auf seinem Leib herum und boxten ihn ins Gesicht, so daß er stark blutete. Entsetzt standen wir in der Küche und mußten dem barbarischen Treiben zusehen. Wir waren wehrlos, stumm, von Angst gepackt. Nur mein kleiner Bruder hockte in einer Ecke und wimmerte vor sich hin. Die Flüche der Peiniger gelten durchs Haus. Als mein Vater sich aufrichten wollte, brach er blutüberströmt zusammen. Noch heute höre ich den schrillen Aufschrei meiner Mutter in meinen Ohren, als die Männer meinen Vater an Armen und Beinen packten und ihn auf die Straße schleppten. Dort luden sie ihn auf einen Lastwagen und fuhren mit ihm fort. Nie mehr haben wir unsern Vater wiedergesehen.

Hinter diesem Terrorakt standen politische Motive. Unser ganzes Vermögen wurde beschlagnahmt. Meine Mutter stand plötzlich mit leeren Händen da. Sie war völlig mittellos mit uns noch kleinen Kindern zurückgeblieben. Um uns nicht Hungers sterben zu sehen, arbeitete sie als Putzfrau oder bei einem Bauern auf dem Felde. Meine Kindheit war trostlos und vom Leid überschattet. Wie Geächtete trugen wir das Malzeichen der Schande an uns und waren so gebrandmarkt. In der Schule wurden wir zum Gespött der Mitschüler, und meine Mutter mußte manche Demütigung ertragen. Nur mit Schaudern denke ich an diese Zeit zurück. Nachts konnte ich oft nicht schlafen, weil die Drangsalierung meines Vaters mich in Angstträume versetzte. Immer wieder schreckte ich auf. Grausige Bilder quälten mich. Es dauerte Jahre, bis ich so nach und nach zur Ruhe kam.

Aber eines Tages drang ein Gerücht an unsere Ohren. Ein Mann habe in großen Gewissensnöten gestanden, beim Exekutivkommando beteiligt gewesen zu sein. Nach der Erschießung sei mein Vater im nahegelegenen Wald verscharrt worden. Die Stelle, wo er liegen mußte, war von ihm genau beschrieben worden. Die Staatsanwaltschaft schaltete sich ein, und die Polizei ließ den Platz zwischen drei dicht stehenden Buchen aufgraben. Tatsächlich, mein Vater wurde gefunden. Die angeordnete Obduktion ergab, daß er vor seiner Hinrichtung schwer mißhandelt worden war. Fast alle Zähne waren ausgeschlagen und mehrere Rippen und Armknochen gebrochen. Der Schädel wies Verletzungen auf, die von Schlägen mit einem stumpfen Gegenstand herrührten.

Als ich diese grauenvolle Geschichte über den Tod meines Vaters in den Zeitungen las, packte mich blinde Wut. Mit eigenen Händen hätte ich den Mörder meines Vaters erschießen können, wenn ich nur eine Pistole besessen hätte. Zu meinem Leid über den frühen Verlust des Vaters kam nun noch der Haß. Ich war verbittert. Warum, warum, so fragte ich mich immer wieder, haben diese Schufte meinen Vater umgebracht, wo er doch ein solch liebevoller Mensch war? Daß er politisch anders eingestellt war als die meisten Bürger unseres Landes, ist noch lange kein Grund ihn zu foltern und zu morden. Ich fand keine Antwort auf meine Qual, und die ungelösten Fragen bohrten sich in mein Herz.

Mein Leben blieb von diesem schrecklichen Verbrechen überschattet. Nie mehr würde ich unbeschwert und froh sein können. Dieses bedrückende Erleben in meiner frühen Kindheit beeinträchtigte meine Schulausbildung, meinen Beruf und später auch meine Ehe. Ich wurde zum großen Versager, und das stürzte mich in schwere Depressionen. Es war wie ein Teufelskreis, aus dem ich nicht mehr herausfand. Mein Gemüt verfinsterte sich, und wenn ich ans Grübeln kam, schmiedete ich Rachepläne, wie ich die Mörder meines Vaters umbringen könnte. Mein Dasein wurde vom Haß bestimmt, und am meisten litten meine beiden Kinder unter meinem Verhalten.

Später brach dann meine Ehe auseinander. Das mußte so kommen; denn meine Verbitterung und mein Selbstmitleid machten mich kontaktarm, lieblos und hart. Aber nach einiger Zeit heiratete ich wieder, und so gewann ich auch neue Freunde. Mit diesem Geschehen bahnte sich eine Wende bei mir an. Unsere Freunde luden uns zu einem Hausbibelkreis ein, und zum ersten Mal hörte ich die Botschaft von der Erlösungstat Christi. Ich war von der Selbstlosigkeit dieses Menschen fasziniert, und ich begriff, wenn einer mich aus meiner

Depression reißen kann, dann ist es er, der Mann mit der einzigartigen Verkündigung des Heils in der Bergpredigt. Er gebot den Dämonen, und sie mußten weichen; er wandte sich zu der großen Sünderin, redete mit ihr, zeigte ihr seine unbegreifliche Liebe, und diese gefallene Frau, die ihre Selbstachtung längst verloren hatte, fing ein neues, reines Leben an. Er setzte sich zu der verachteten Samariterin, erbat von ihr Wasser dort am Jakobsbrunnen, sprach zu ihr über ihr sinnloses Dasein und vermittelte ihr eine heilsträchtige Perspektive. Das alles las ich in den Evangelien. Am meisten aber war ich von seinem Leiden und Sterben am Kreuz beeindruckt.

Ich las die Bibel und sehnte mich in der Tiefe meines Herzens nach der Gemeinschaft mit diesem Heiland und Retter der Welt. Meinem Verlangen nach einer unmittelbaren Verbindung zum Sohn Gottes war kaum beizukommen. Ich sehnte mich nach Liebe, nach Kraft, nach Geborgenheit. Mit billigem Plunder wollte ich mich nicht mehr zufrieden geben. Wenn es über Christus diese Verbindung zu Gott gibt, dann wollte ich ihn haben, koste es, was es wolle. Aus diesem Grunde fuhr ich auch regelmäßig zu dieser Tagung. Heute bin ich zum fünften Mal hier. Ich möchte auch Jesus angehören und glauben können wie die anderen Frauen auf der Freizeit. Ich will in seine Nachfolge treten. Frau Bormuth, können Sie mir helfen, daß ich endlich Christ werde?« Soweit der Bericht dieser Frau.

Anhand eines Gotteswortes erläuterte ich ihr, wie sie ihr Leben an Jesus ausliefern könnte, und dann fragte ich sie persönlich: »Sind Sie bereit, alle Schuld, alle Verfehlung, alles, womit Sie Gott Schande gemacht haben, Jesus zu bekennen und ihn um Verzeihung zu bitten? Wollen Sie sich ihm anvertrauen, mit Ihrem bisherigen Leben brechen und das Wagnis des neuen Lebens, das zugleich das Ewige Leben ist, eingehen?«

»Ja, ich will«, kam es zaghaft über ihre Lippen, »aber ich kann nicht. Ich bin blockiert.«

Ich begann von vorne, und machte ihr die Erlösungstat Christi einsichtig. Ich erklärte ihr, daß Jesus auf Golgatha alles für sie vollbracht habe, sie brauche nur Ja zu ihm zu sagen und den Schritt über die Linie in zukunftsträchtiges Land zu setzen und fragte liebevoll: »Möchten Sie, daß wir jetzt niederknien und gemeinsam Christus anrufen, damit er in Ihnen Gestalt gewinnt?«

»Nein, ich kann nicht!« und bei diesem Satz liefen ihr die Tränen über die Wangen.

Lag es an mir, daß die Frau nicht zum Glauben kommen konnte? Fehlte es mir an Vollmacht? Gab es etwas, das ich übersehen hatte? Was hatte ich bloß falsch gemacht? Ich war so hilflos.

Noch einmal nahm ich einen Anlauf, ihr zur Wiedergeburt zu verhelfen. Aber jedesmal, wenn wir miteinander beten wollten, sagte sie: »Nein, ich kann nicht!«

In meiner Not holte ich mir den Freizeitleiter zur Hilfe. Es war noch ein jüngerer Mann, der für alle organisatorischen Aufgaben verantwortlich zeichnete.

»Bitte, kommen Sie schnell, ich habe einen schwierigen Fall in der Seelsorge, vielleicht können Sie raten und helfen.«

»Ja, Frau Bormuth, ich komme, aber das Gespräch führen Sie. Ich bin auf diesem Gebiet sehr unerfahren.«

Noch einmal erzählte die Frau die wichtigsten Ereignisse. Aufmerksam hörten wir zu, nun schon zum zweiten Mal. Nach einer längeren Pause fragte sie der Tagungsleiter nachdenklich: »Könnte es sein, daß Ihr Haß, Ihre Bitterkeit, Ihre Unversöhnlichkeit Sie daran hindern, zum Glauben an Christus durchzudringen?«

Die Frau stützte den Kopf in beide Hände, überlegte angestrengt, und dann kam es spontan über ihre Lippen: »Ja, Sie haben recht. Ich hasse die Mörder meines Vaters. Sie haben mir mein ganzes Leben zerstört.«

»Wären Sie bereit, um Christi willen ihnen zu vergeben?«

Die Frau zögerte, sie kämpfte mit sich selbst und rang sich zu einer Antwort durch. Klar und unmißverständlich sagte sie: »Ja, ich will den Mördern verzeihen.«

Nun war der Bann gebrochen. Wir knieten zu dritt nieder, und diese Frau wurde Christ. Es war ein ergreifendes Gebet, in dem sie unter Schluchzen und unter Tränen alle angestaute Verbitterung, alle Feindseligkeiten, allen Hader und Gram offen vor Jesus ausbreitete. In diesem Gebet verspürte sie das Reden Gottes an ihrer Seele. Seine Zusage befreite sie von allen Bindungen und häßlichen Gedanken. Jetzt konnte sie glauben, daß Jesu Blut sie mit Gott aussöhnte und sie nun sein Kind war. Eine unbändige Freude brach bei ihr durch. Als ich sie am nächsten Tag beim Frühstück traf, umarmte sie mich.

»Was ist das für ein Glück, Jesus als Retter auf seiner Seite zu haben. Er ist jetzt mein Heiland. Ich bin froh, tief in meinem Herzen froh.«

Dieses Beispiel macht deutlich, wie festgehaltene Schuld zu einem Hemmnis für den Glauben werden kann. Gott aber will uns durch und durch aufrichtig und wahrhaftig haben. Sein Wort ist wie ein zweischneidig Schwert, es dringt durch und scheidet Seele und Geist, auch Mark und Bein, und ist ein Richter der Gedanken und Sinne des Herzens. Wer sein Leben in dieser Perspektive sieht, wird dankbar, daß unter dem Kreuz ein Bergungsort für uns ist und Jesu Blut uns reinigt von jeder Sünde. Ihm ist keine Verfehlung, keine Schuld zu groß und verwerflich. Er wird mit jeder Sünde fertig, aber sie muß ans Licht vor ihn gebracht werden.

Wo wir uns unter unsere Schuld beugen, sie erkennen und bekennen, manchmal auch vor einem Seelsorger, reicht Jesu Versöhnungstat aus, um jeden Makel von uns zu nehmen. Wir stehen vor Gott rein da, so als hätten wir nie eine Sünde begangen.

Seit ich begriffen haben, wieviel Gott an mir liegt, wie wertvoll ich in seinen Augen bin, ist eine große Freude in mein Herz gekommen. Das gibt mir auch Hoffnung für meinen Nächsten, der noch unter seiner Schuld leidet. Darf ich noch einmal an David erinnern? Ihm stellte Gott Nathan in den Weg und bewegte ihn so zu Reue und Buße. Uns aber sandte Gott Jesus, damit wir von allen Gebundenheiten frei würden.

Nun sollten wir uns aber nicht in ein zwanghaftes Verhalten hineinsteigern, in uns herumwühlen und darüber grübeln, was wir an Schuld auf uns geladen haben. Gott geht behutsam mit uns um. Er schafft Schritt um Schritt Ordnung in unserem Leben und zeigt uns nicht auf einmal unsere ganze Verdorbenheit und unseren Wust an Sünde. Oft sind es seine Wohltaten und Freundlichkeiten, die uns zur Buße und Reue führen.

Wo er aber seinen Finger auf eine wunde Stelle bei uns legt und der Sünde einen Namen gibt, sollten wir auch Mut aufbringen und sie bekennen. Im ersten Johannesbrief heißt es: »So wir unsere Sünde bekennen, ist Gott treu und gerecht, daß er uns die Sünde vergibt und reinigt uns von aller Untugend.«

Ich will diesen Tatbestand noch an einem anderen Beispiel veranschaulichen. Eine ältere Dame ruft bei mir an und fragt, ob ich Zeit für sie habe. Sie möchte mich in einer seelsorgerlichen Angelegenheit sprechen. Wir vereinbaren einen Termin, und die Frau kommt mit einem Taxi vorgefahren. Schweigend sitzt die alte Dame im Sessel und spielt nervös mit den Fingern. Das Sprechen fällt ihr schwer. Lange sage auch ich kein Wort und bete im stillen, Gott möge ihr doch die Last von ihrer Seele nehmen und sie von ihrer Bedrückung frei machen. Nach einigen Minuten beginnt sie das Gespräch.

»Frau Bormuth, ich kann nicht zur Ruhe kommen. Dabei liegt das Geschehen Jahrzehnte zurück. Nun bin ich alt geworden, weiß nicht, wie lange ich zu leben habe. Mit einem solch belasteten Gewissen möchte ich nicht vor meinem Herrgott erscheinen, wenn ich aus dieser Zeit in die Ewigkeit abberufen werde. Jetzt muß alles aufgedeckt werden.

Es war 1945 nach dem Zusammenbruch des »Tausendjährigen Reiches«. Ich war mit meiner Mutter in Gefangenschaft geraten. Es ging uns äußerst schlecht. In unseren Baracken froren wir und hatten auch kaum was zu essen. Bis zum Skelett waren wir abgemagert. Tagsüber mußten wir in einer Ziegelei schwere Arbeit leisten. Die Kinder und die alten Menschen starben wie die Fliegen. Plötzlich erkrankte auch meine Mutter. Sie stand nicht mehr von ihrem Strohlager auf. Es wollte und wollte nicht besser mit ihr werden, obwohl ich mir den letzten Bissen Brot vom Munde absparte und ihn ihr gab. Ihr Elend dauerte nun schon Wochen an. Fast jede Nacht mußte ich mehrmals aufstehen und ihr etwas zu trinken geben.

Eines Nacht rief sie mich wieder: Emma, Emma, komm doch, ich habe Durst. Ich hörte ihr Rufen, war aber so müde und ausgemergelt, daß ich nicht aufstand, sondern mich auf die andere Seite legte und weiter schlief. Am nächsten Morgen fand ich meine Mutter tot auf ihrer Strohschütte. Das Schaudern beim Anblick der Toten empfinde ich heute noch. Ihr klägliches Gewimmer liegt mir in den Ohren, und ich höre heute noch: Emma, Emma, komm doch! Wie konnte ich nur meine liebe Mutter in ihrer letzten Stunde allein lassen! Diese peinigende Frage geht mir nicht mehr aus dem Sinn. Mein Versäumnis steht mir vor Augen und quält mich. Manchmal will ich alles beiseite schieben und mein böses Tun vergessen. Aber es ist wie bei einem Schwimmreif, er taucht doch wieder auf. Was soll ich nur tun?«

Ich tröste diese alte Dame und lese ihr Verse aus Jesaja 53 vor: »Aber Christus ist um unserer Missetat willen verwundet und um unserer Sünden willen zerschlagen. Die Strafe liegt auf ihm, auf daß wir Frieden hätten, und durch seine Wunden sind wir geheilt.«

Ich weise sie auf Christus hin, der uns eine völlige Erlösung geschaffen hat. Keiner braucht wegen seiner Schuld verloren zu gehen, und sei sie noch so schwer. Glücklich zu preisen ist der Mensch, der seinen Stolz überwindet, sich vor Gott beugt, seine Tat im Licht des Evangeliums sieht und seine Schuld bekennt.

Da bin ich Gott am nächsten, wenn das Blut des Heilandes über die wunden Stellen meines Gewissens fließt und alle Sünde ausgetilgt wird. Vergebene Schuld ist nicht mehr existent, und ich bin mit meinem Vater im Himmel wieder im Reinen. Ich darf heil werden und genesen.

Es bleibt im Zusammenleben von Menschen nicht aus, daß es zu Reibereien kommt. Zank, Streit, Neid, Zerwürfnisse liegen wie Mehltau auf unseren Familien. Aber als Christ habe ich die Möglichkeit, Heilung von seelischen Verletzungen zu erfahren.

Ich will Hannelore Risch zu uns sprechen lassen, eine Mutter von sechs Kindern, die sehr früh ihren Mann verloren hat. Sie wurde in besonderer Weise sensibel für die Nöte, die andere ihr bereitet haben. Ich zitiere aus dem Buch: »Nicht vergeblich« vom Stuttgarter Gemeindetag 85: »Vor kurzem hatte ich mit meiner Schwiegermutter ein Gespräch über das Thema: Wie beurteilt es Gott, wenn Mütter sehr stolz auf ihre Kinder sind? Ich schmunzelte. ‚Mir hat Gott es nicht erlaubt, auf meine sechs Kinder stolz zu sein – höchstens auf meine einzige Schwiegertochter, denn sie ist eine Herzensfreude, ohne daß ich das Geringste dazu beigetragen habe'. Darauf sagte meine Schwiegermutter: ‚Dann will ich stolz sein auf meine Schwiegertochter Grete'.

‚Genau so ist es richtig', bestätigte ich mit Nachdruck. Gleichzeitig stellte ich mit Erstaunen fest: Ich empfinde ja keinen Stich mehr in meinem Herzen! Denn meine Schwiegermutter hat zwei Schwiegertöchter, Grete, die auch ich sehr schätze, und mich, die ich gerade vor ihr sitze. Ein solcher Ausspruch vor Jahren gesprochen, hätte mich tief verletzt. Darum packt mich jetzt große Freude. Siehst du, sage ich mir, an diesem Punkt bist du nicht mehr verletzbar! Wo du früher so empfindlich warst, hat sich eine Narbe gebildet. Ein erfreulicher Fortschritt!

Ich überlege: Seit wann ist diese Stelle geheilt? Ich erinnere mich an den Vorabend eines Familienfestes einige Jahre nach dem Tod meines Mannes. Diesmal war auch ich mit meinen Kindern eingeladen. Ich nahm mir fest vor, endlich einmal meiner Verwandtschaft zu sagen, wie sehr ich mich als Witwe übersehen fühle, ja sogar mißachtet, abgeschoben aufs tote Gleis. Mit diesem Vorsatz bin ich eingeschlafen und habe geträumt, ich würde eine Art Kindspech von mir geben, eine zähe, schwarze, alte Masse. Beim Erwachen dachte ich darüber nach und bewegte diese Frage vor meinem himmlischen Vater: Warum träume ich nur von solch häßlichen, ekelhaften Dingen? Dann kniete ich vor meinem Bett, was ich nur in ganz markanten Situationen meines Lebens gemacht habe, und sagte ungfähr so: Mein Vater im Himmel, ich will diesen jahrelangen Dreck, den ich in mir habe und den ich nie und nimmer verdauen kann, der mein Wesen vergiftet und mich rachsüchtig macht, dir überlassen! Ich klagte meinem himmlischen Vater noch einmal all das Weh und die Verletzungen meiner Witwenschaft, sprach offen jede Ablehnung aus, die ich von denen erfahren hatte, von denen ich Freundschaft und Begleitung in meinem Alleinsein erwartet hatte. Ich klagte Gott alle Einzelheiten, auch wo meine Kinder benachteiligt wurden, und weinte viele Tränen. Mein inneres Zerwühltsein, alle bitteren Gedanken und Vorwürfe habe ich ihm zu Füßen gelegt. Seltsam getröstet bin ich dann mit meinen Kindern zum Familienfest gefahren. Es wurde für mich ein Verwandtenfest ohne einen einzigen Tropfen Wermut. Tage später schrieb mir meine Schwägerin: ‚Ich mußte dich immer wieder ansehen!

Du hattest eine gelöste und harmonische Ausstrahlung'.

Darum ist in meiner Bibel dick unterstrichen, was in Jeremia 30,12 u. 17 steht: ‚Dein Schade ist verzweifelt böse, und deine Wunden sind unheilbar. Deine Sache behandelt niemand, daß er dich verbände. Aber ich will dich wieder gesund machen und deine Wunden heilen, spricht der Herr, darum weil man dich nennt die Verstoßene, und Zion, nach der niemand fragt'.

Am offenen Grab meines Mannes erkannte ich, daß Gott tiefer verwundet als Menschen es je vermögen. Bis in die Tiefen meines Seins fühlte ich mich auseinander gerissen. Ich dachte, an dieser Wunde muß ich verbluten. Sie ist unheilbar doch nach einer Reihe von Jahren konnte ich die Wahrheit des Psalmwortes bestätigen: ‚Der Herr heilt die zerbrochenen Herzens sind und verbindet ihre Wunden' (Psl. 147,3). Unter uns sind viele innerlich Verletzte und noch mehr, die andere verletzt haben, ohne es zu merken. Seit Adams Zeiten, seit der Trennung von Gott, sind wir

Verletzte und Verletzende,
Gekränkte und Kränkende,
Getretene und Tretende,
Ungeliebte und Lieblose,
Verachtete und über andere verächtlich Denkende.

Seit Adams Zeiten sind wir auch solche, die – menschlich gesprochen – immer wieder Gottes Vaterherz verletzen und enttäuschen. Sei Adams Zeiten ist Satan Unheilstifter, Kaputtmacher, Zerstörer, teuflischer Registraturbeamter, der nichts löscht, der sich freut, wenn andere bluten.

Darum hat Gott in seiner überfließenden Liebe einen Heilsplan für diese verletzte und sich verletzende Menschheit. Sein Ziel ist Gesundung und Erneuerung des ganzen Menschen; indem er uns durch Jesus Christus zurückbringt zu ihm, bis dahin, wo er uns in den Arm nimmt, die letzte Träne trocknet und spricht: ‚Das Alte ist vergangen, Neues ist geworden'. Alle, die Christus angehören, empfangen eine solche schöpferische Heilung.«

Soweit das Zeugnis von Frau Hannelore Risch.

Sündigen ist schwerste Verfehlung, sündigen ist demütigend, sündigen zerstört jede Gemeinschaft mit Gott und mit meinem Nächsten. Aber das darf anders werden. Das zerbrochene Verhältnis mit mir selber, mit meinem Mann, mit meinen Kindern, mit meinen Schwiegerkindern, mit meinem Nachbarn darf erneuert und heil werden. Allerdings ist Behutsamkeit vonnöten. Ich brauche einen langen Atem. In manchen Fällen ist es ratsam, einen vollmächtigen Seelsorger um Hilfe und Vermittlung zu bitten. Wer im Hauruck-Verfahren eine schnelle Lösung anstrebt, ist bald enttäuscht und erfährt eine Bauchlandung. Nichts ist in der Seelsorge schwieriger, als zerstrittene Menschen wieder an einen Tisch zu bringen. Aber es ist möglich, und Jesus sagt selbst: »Selig sind die Friedfertigen, denn sie werden Gottes Kinder heißen« (Matth. 5,9).

Ich will noch etwas sagen zur Wiedergutmachung. Wo ich einen Schaden angerichtet habe, sollte ich versuchen, so gut es geht, ihn wieder in Ordnung zu bringen. Das wird nicht in allen Fällen möglich sein.

Ich war noch Schülerin und sollte ein Paket zur Bahn bringen. Es war groß und schwer und war für meine Schwester bestimmt, die in Württemberg arbeitete. Ich wußte, daß Paketsendungen mit einheimischem Gemüse unter eine Gebührenermäßigung fielen, und so schrieb ich kurzerhand »Einheimisches Gemüse« auf den Karton und gab ihn am Schalter ab. Gewiß war auch etwas Gemüse und ein paar Äpfel mit drin. Mit dieser Entschuldigung rechtfertigte ich mein böses Tun. Aber diese Ausflüchte hielten nicht lange an. Immer wieder mußte ich mir sagen, Lotte, du hast betrogen. Ich bekam keine Ruhe mehr, bis ich zu unserem Prediger ging und mit ihm über diese Sache sprach. Ich bekannte ihm meine Schuld, wir beteten zusammen, und ich empfing von Gott die Vergebung meiner Schuld. Den Betrag, um den ich die Bundesbahn betrogen hatte, erstattete ich zurück, indem ich eine Fahrkarte in diesem Wert kaufte und sie dann zerriß. Mein Gewissen war wieder befreit.

Es ist eine böse Taktik des Feindes, wenn er mir einreden will, so genau müsse ich die Bestimmungen nicht nehmen. Ich will es mit der Heiligen Schrift halten, die sagt: »Fanget uns die Füchse, die kleinen Füchse, die den Weinberg verderben.« Sünde ist und bleibt Sünde, und bei Gott gibt es keine großen oder kleinen Sünden. Jede Sünde hat den Tod Christi bewirkt, denn Gott suchte unsere Sünde an Jesus heim. Christus büßte für unser Vergehen, und das brachte ihn ans Fluchholz. Wie oft wird das Telefon der Firma für private Gespräche mißbraucht, oder die Arbeitszeit vertrödelt. Manche Eltern fahren mit ihren zahlungspflichtigen Kindern im Zug, ohne eine Fahrkarte zu lösen. Die Versuchung ist groß, aber wir sollten ihr widerstehen. Ich handle mir nur Unglück damit ein.

Und da wo ich ein Gebot übertreten habe, will ich auf das Reden Gottes hören, ihm recht geben und nicht in Entschuldigungen hineinflüchten. Ich will zu ihm sagen: Herr, ich bin ein Sünder, und ich habe für mein Vergehen Strafe verdient. Aber ich danke dir, daß du meine Strafe auf dich genommen hast und meine Schuld in deinen Nägelmalen am Kreuz ausgetilgt ist. Du stößst mich nicht von dir, wenn ich aufrichtigen Herzens mein Tun bereue. Habe du acht auf mich und bewahre mich vor Oberflächlichkeit.

Gäbe es nicht das große Geschenk der Vergebung, wir müßten alle verzweifeln. Oder kann jemand von sich sagen, er habe noch nie gelogen, noch nie etwas Schlechtes hinter dem Rükken des andern geredet, noch nie einen Menschen beleidigt, noch nie häßliche Worte in den Mund genommen, noch nie unreine, ehebrecherische Gedanken gehabt, noch nie etwas versäumt, er war noch nie faul, träge und lieblos gewesen, er habe immer Vater und Mutter geehrt, und so könnte ich fortfahren. Aber Gott sei Dank, er bietet uns Hilfe an und arbeitet an uns, damit wir das Heil erlangen. Christus, der Gottes Sohn ist uns entgegen gekommen. »So wir im Lichte wandeln, wie er im Lichte ist, so haben wir Gemeinschaft untereinander, und das Blut Jesu Christi macht uns rein von aller Sünde« (1. Joh. 1,7).

Das ist Evangelium, rettendes Wort von Gott!

Leben mit Gott – wie spannend!

Davon berichten die Bücher von Lotte Bormuth

Außerdem sind erschienen:

ICH STAUNE ÜBER GOTTES FÜHRUNG
TELOS-Taschenbuch Nr. 302, 104 Seiten

GOTT KOMMT MIR IMMER ENTGEGEN
TELOS-Taschenbuch Nr. 326, 104 Seiten

MÜTTER IN DER KRISE –
MÜTTER UNTER GOTT!
Edition C-Taschenbuch Nr. T 63, 88 Seiten

GOTT BAUT – WIR BAUEN MIT
Edition C-Taschenbuch Nr. T 71, 88 Seiten

. . . DASS ES DIE ELENDEN HÖREN
Edition C-Taschenbuch Nr. T 89, 96 Seiten

ICH SUCHE DAS DU
Edition C-Taschenbuch Nr. T 108, 108 Seiten

. . . SO SOLLT IHR MEINEN BOGEN SEHEN
TELOS-Taschenbuch Nr. 416, 130 Seiten

Alle Bücher schildern nachdenkliche und heitere Begebenheiten aus dem reichen Erleben der Verfasserin als Mutter, Hausfrau und Dienerin des Herrn Jesus Christus.

VERLAG DER FRANCKE-BUCHHANDLUNG GMBH
3550 MARBURG AN DER LAHN

Die TELOS-Bilder-Bibel

Eine Kinderbibel für das Vorschulalter und die ersten Schuljahre

TELOS-Kinderbuch Nr. 3840
192 Seiten, Leinen mit Schutzumschlag, reich illustriert

Diese wunderschöne Bibel enthält

. . . über 170 prachtvolle, lebendige Farbbilder

. . . auf jeder Seite eine biblische Geschichte in der Sprache des Kindes

. . . Fragen zu den Bildern, die dem Kind helfen, die wichtigen biblischen Informationen auf den Bildern zu entdecken

. . . Fragen zu jeder Geschichte, die die biblische Unterweisung vertiefen.

VERLAG DER FRANCKE-BUCHHANDLUNG GMBH
3550 MARBURG AN DER LAHN